新しい消費者

未来消费
新形态

[日] 大前研一 —————— 编著
吕丹芸 —————— 译

上海译文出版社

KENICHI OHMAE ATARASHII SHOHISHA: NET WO MIKATA NI DEKINAI BUSINESS WA SHOMETSU SURU
written by Kenichi Ohmae
Copyright © 2018 Kenichi Ohmae
All rights reserved.
Original Japanese edition published by PRESIDENT Inc.

This Simplified Chinese edition published by arrangement with PRESIDENT Inc., Tokyo in care of Tuttle-Mori Agency, Inc., Tokyo through Youbook Agency, Beijing.

图字：09-2019-761 号

图书在版编目(CIP)数据

未来消费新形态/(日)大前研一编著；吕丹芸译.
—上海：上海译文出版社，2021.11
ISBN 978-7-5327-8722-7

Ⅰ.①未… Ⅱ.①大…②吕… Ⅲ.①消费者行为论
—研究 Ⅳ.①F036.3

中国版本图书馆 CIP 数据核字(2021)第 161039 号

译文视野
未来消费新形态
新しい消費者

[日]大前研一 编著
吕丹芸 译

出版统筹　赵武平
策划编辑　陈飞雪
责任编辑　邹滢
装帧设计　山川

上海译文出版社有限公司出版、发行
网址：www.yiwen.com.cn
201101　上海市闵行区号景路 159 弄 B 座
上海普顺印刷包装有限公司印刷

开本 890×1240　1/32　印张 5.5　插页 2　字数 60,000
2022 年 1 月第 1 版　2022 年 1 月第 1 次印刷
印数：00,001—10,000 册

ISBN 978-7-5327-8722-7/F·229
定价：68.00 元

本书中文简体字专有出版权归本社独家所有，非经本社同意不得转载、摘编或复制
如有质量问题，请与承印厂质量科联系。T：021-36522998

前言

二〇一七年十月举行的众议院议员选举,自民党大获全胜,大家可能会认为胜利主因是日本首相安倍晋三提出的"安倍经济学"成果,事实上并非如此。从九〇年代后期开始,日本人的个人消费便停止成长,最大原因就在于日本转变成低欲望社会。我不认为今后会如同安倍首相所说的"景气变好、物价上涨",反而一想到未来就惶惶不安,因为每个人都为了以备不时之需而不肯花钱。

另一方面,随着全球化及数字化的来临,共享经济这一类的新型消费方式也随之风行,包括以中国人爆买为代表的观光客消费、跨境电商、手机 App 专用的个人网购平台(如 mercari 平台)、优步(Uber)或爱彼迎(Airbnb)等;另外,由于智能手机普及,也产生了拍照晒图打卡刺激消费欲望的崭新现象。

只要彻底理解新时代的消费动向,并知道如何正确因应,我们就可以抓住商机。

要了解具体的执行方式,请务必阅读本书,里面写的内容绝对比安倍经济学有价值多了。

二〇一八年六月

大前研一

目录

前言　I

第一章　大前研一 | 低欲望社会的钱潮新流向
　　在数字时代登场的"新形态消费者"究竟需要什么　001

未开发的巨大金矿存在于高龄者身上　002
面对不消费的"低欲望社会"毋须悲观　004
为何就算利息超低,也没人要贷款　006
中国游客的旅行目的已从"购物"转为"体验"　008
跨境电商和外国游客是活化经济的一线生机　010
移动支付和社交媒体改变了大众的消费行为　011
有效免费的市调:善用社交网站开发热门商品　015
景气越差越发达:急速扩大的共享经济　016
网购升级版,第三方支付让闲置经济屹立不倒　018
快时尚过时了吗:服饰业的新救星　019
B2C电商规模达两兆美元,连车都能卖到非洲去　020

电商势不可挡,却仍有不适用的行业　022
中间商的最大威胁:当卖家也全球化……　024
天猫、淘宝等中国跨境电商的热销商品　025
冷门的更卖不动,中国电商的销售也呈 M 型吗　027
东南亚旅客正在增加:提高观光收入的关键　030
中国游客喜欢什么　032
有钱人其实更多了,实体店面将往高价位发展　034
消费者走向两极化,中价位市场将消失　036
花钱不手软的族群最关心的八件事　037
要从过去的"被动等待"转为用网络揽客　038

【与巨人同行　大前研一问答录】　041

第二章　川野幸夫 | 新时代零售业的经营革命
YAOKO 超市为什么能连续二十七期营收、利润皆增长　045

连续二十七期营收及利润都增长的超市　047
主导供应链的不再是厂商,而是零售业　049
公司想有前景,就要有明确的理念与经营哲学　050
只追求业绩、利润,成不了优良企业　051
在"一人十色"时代,成为专卖店才能生存　052
什么都卖、能一站式购买吸引不了客人　053
超市必须决定,是主打日常用品还是生活风格用品　055
除了供应更多品类,还要提供选择建议　057
不同商圈有不同需求,因而推动"个店经营"　059

胜在全员参与经营,要善用店员的战力 061

全日本最有活力的超市的成功秘密 062

美国前十大公司的过人之处 063

成立公益事业,培养活跃于国际的人才 064

【与巨人同行　川野幸夫问答录】 067

第三章　金井政明｜带动消费者意识觉醒的"知足哲学"
为什么无印良品反对消费却更能刺激消费 073

锁定"不跟流行、想活出自我"的客群而大红 075

借顾问之力,避免企业因拓展而失去理念 076

永远考虑到"周遭、生产者、地球" 077

诉求的是"这样就好",而非"这样很好" 080

以"绝对价值"取胜,而非"相对价值" 082

多角化经营,让无印精神渗透消费者的生活 083

提倡对自然、劳力的重视,进一步实现"良好生活" 084

利用"打招呼""五分钟扫除"提升员工向心力 085

【与巨人同行　金井政明问答录】 088

第四章　冈田阳介｜工业革命4.0的关键技术
ABEJA的AI技术如何改变零售流通业的发展 093

与大学教授共同研究,取得最高水平的成果 095

数字化已经启动"工业革命4.0" 096

IoT、大数据、AI将是所有产业的关键技术 098

设备、数据储存低价化造成的剧烈影响　099

第三次 AI 热潮的主角是"深度学习"　101

"机器学习"及"深度学习"的关系　103

模仿人类神经网络的深度学习让 AI 再次进化　105

制作像抽签一样容易中奖的方式　107

如同黑匣子的特征隐藏着危险　109

GPU 的出现让深度学习大幅进步　110

深度学习已能超越人类辨识的准确度　112

掌握深度学习技术，马上在硅谷变抢手　114

打败世界围棋冠军的 AlphaGo（"阿尔法狗"）　114

深度学习真的是"万能魔术箱"吗　115

适用深度学习的产业——零售流通业　116

将 AI 装设在边缘设备和云端的优缺点　118

数据越来越多且大数据化，深度学习才有意义　119

随着深度学习普及，对工程师的需求大增　122

从电商转实体、改变零售概念的"Amazon Go"　123

活用 AI，就能轻松又便宜地改善店铺营运　124

动线、宣传、服务都有数据库帮你决定　127

不是用 AI 实现无人化，而是提升人力运用　130

【与巨人同行　冈田阳介问答录】　133

第五章　须田健太郎｜以多角化经营抢夺观光业的上兆大饼
　　　　　FREEPLUS 成为观光业龙头是因打破业界惯例吗　137

新兴国家出国旅行的人数日渐增多　139

可能带来上兆收入的海外观光客　141

中国每年有一亿两千万人出国旅行　143

想在地球上留下痕迹,决定为人类做贡献　144

想成为跨国企业,就要先以海外客户为目标　146

创立六年,接待了二十四万个晚上的客宿　148

提供一条龙服务,创造最大收益　150

改善作业效率的实时预约系统　153

外国观光客对住宿条件的期待　155

包机更有效率,今后计划进军航空业　156

体验型消费虽大受欢迎,但利润不高　158

【与巨人同行　须田健太郎问答录】　160

第一章

◎大前研一
低欲望社会的钱潮新流向

在数字时代登场的"新形态消费者"
究竟需要什么

未开发的巨大金矿存在于高龄者身上

观察日本人人均民间最终消费支出,我们会发现,从九十年代后半开始,几乎是停滞状态,但人口却已经开始减少,高龄化持续进行。这就是当前日本社会的现状(图1)。

日本有一千七百兆日元的个人金融资产,其中大半为六十岁以上的人所持有。安倍晋三首相不断催促财经界提高劳工薪资,但再怎么搞错重点,也该有个界限。如果想刺激消费、提振景气,就应该出台能让富裕高龄者安心花钱的政策。

日本的高龄者就算有钱也不花,原因出自他们过去所受的教育。

日本是资源缺乏的国家,必须先从各国进口原材料,进行加工以提高附加价值后再出口,出口所得的利润再用于购买下一次的原材料。日本只能靠这种加工贸易来生存。二战后的日本政府抱持这样的想法,建议民众要有"不劳动者不得食""不浪费、勤储蓄"这种拼命工作、努力储蓄的概念,这样政府就能将这些钱以低利息借贷给企业,达成有重点合理分配的战略。

在这种时代长大的人,骨子里认定钱只能存到银行或邮局里,无法想象如何为自己花钱。

图 1　低欲望社会的实际状况

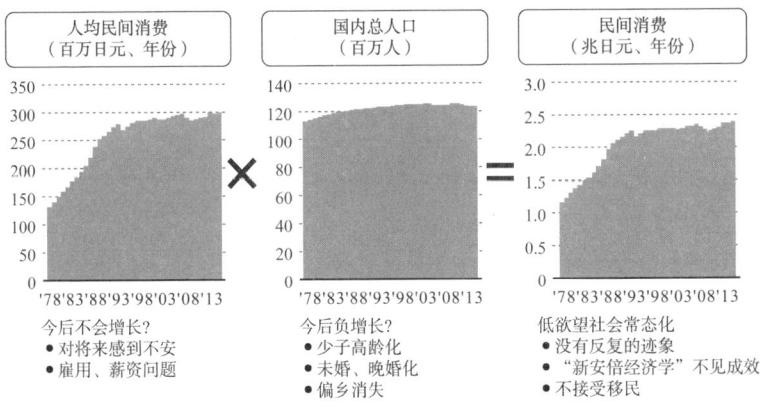

资料：内阁府《国民经济计算》　　© BBT 大学综合研究所

离题一下，农协系统的农林中央金库被称为世上最强基金，因为它什么都不用做，从事农业的人就会不断把钱存进去。

有个词叫"贫农"。住在都市里的人如果身份是农民，都会被大家误以为很穷，事实上完全不是这么一回事，他们是很有钱的。

现在从事农业的人，来自农业的收入占总收入的不到百分之十五，但只要被政府认定是从事农业工作的农民，就有许多好处。首先，若从父母那里继承到遗产，只要在二十年内从事农业工作，就免缴遗产税。

什么样的工作会被认定为属于农业呢？例如在自家院子里种几棵栗子树，再将收成的栗子卖出去，只要一年收入达十万日元以上，就算是杰出的农业从业人员了。

此外，还有许多费用是由政府的经费支出的，例如，只要是一辆能够装载货物的车子,不论是买车费用或油钱都可以由经费支出;跟家人一起去夏威夷旅行也是,只要抽个半天去菠萝园巡察,费用就能算到经费里。

如此这般,只要拥有农业从业人员的资格,就等于产生"有闲钱"的机制。只不过毕竟是日本人,就算有钱还是不会花,而是乖乖存起来。因此,农林中央金库持有非常庞大的财产。

面对不消费的"低欲望社会"毋须悲观

不花钱的不止高龄者,年轻人的消费意愿也变低了。不买房不买车,结婚要花钱所以也不想结了,这就是现在日本年轻人的实际状况,也就是说,他们的"欲望"极低。

新进员工也几乎没有人的未来目标是当上社长。大部分人都表示不想升到课长以上的职位,跟我经历的年代相差非常大。

我把这样的日本现况称为"低欲望社会"。

安倍首相现在还不断公开放话,再过两年(至二○一七年)要将GDP(国内生产总值)增长率提高到百分之二,看来好像还完全不懂这样的事实。现在的世代想的是"为什么一定要增长?现在这样有什么不好?",所以再怎么鼓吹GDP要增加百分之二,也不会有效果。

其实年轻人的欲望会低落也不是不能理解。日本是很不可思议的国家,明明二十年来成长一直走低,但失业的人却很少见。以年轻人的失业率来说,葡萄牙高达百分之四十,日本却没有这么严重。

也就是说，日本人对于低增长的社会已经非常习惯了。

在这种国家想拥有更多的消费者并不简单。当然，就算是低增长，若能产生结构上的变化，消费者仍可能大幅增加。只是，其他有人口红利、市场越来越大的国家机会自然会大上好几倍。

为了对抗时任美国总统特朗普紧缩外国人工作签证的政策，加州蠢蠢欲动想要独立。美国原本就是个移民众多的国家，加州的移民比例尤其高，其中又以硅谷为最，因此加州是反特朗普的。

来自世界各地充满雄心壮志的人们前往加州工作，这些野心勃勃的精英们平均年收入是十五万美元以上。另一方面，在总统大选中支持特朗普的中西部穷苦白人，年收入只有五万美元。也就是说，特朗普的支持者在美国是"竞争中的输家"。

因为一九八〇年代的里根改革，美国的通讯、运输和金融三大产业出现爆发性成长。金融和运输业以纽约为中心分布在东海岸，通讯业则集中在加州等西海岸，只有位于正中央的"铁锈地带"（衰退的工业地带）居民没学到新技术而被弃之不顾。他们就像特朗普总统说的，并不是被中国抢走工作，而是在美国国内就输掉了比赛。

因此，特朗普想对中国进口货品增加百分之五十关税是大错特错的政策，如果真的执行了，沃尔玛或好市多等企业很可能会倒闭。

日本的索尼或本田就是进军美国而提高知名度之后，再将产品卖给美国人，但中国没有这样的企业。沃尔玛或好市多从中国企业以低价买进产品，再于美国销售。特朗普说中国企业赚了许多黑心钱，但请别忘记，也多亏这样，年收入五万美元以下的人们才能生活。

由于全球化的发展，企业可将世界各地的廉价产品带回自己国家，成本因而不会上涨。如果从中国进口的商品全换成美国国内制造，就会导致成本推动型通货膨胀（Cost-Push Inflation），售价会变成现在的两倍。而受到最大影响的就是支持特朗普的穷苦白人。身为房地产商人的特朗普连这么简单的道理都不懂吗？

另外，特朗普还要鸿海精密工业的郭台铭董事长在美国生产苹果手机，这也是极不合理的事。苹果手机在中国成都进行最后组装，那里的员工有一百万人，但想在美国找到一百万名蓝领阶级人士却不可能。现在美国的失业率约百分之五，已经接近全体雇用了，在这种状态下，想招聘一百万名员工，就算找来酒鬼或嗑药的人一起总动员，也凑不到这个数字。

日本跟美国就是这样，都是由完全不懂当下经济状况的人来治理国家。

为何就算利息超低，也没人要贷款

安倍首相跟日本银行总裁黑田东彦至今仍信奉十九、二十世纪的宏观经济学理论，但是，在二十一世纪的低欲望社会，宏观经济学理论已不再适用了。

举例来说，宏观经济学理论是利用降低借款利率来使借款人增加,进而活化经济。但是,以日本房贷的长期固定利率(Flat 35[1])来说,明明三十五年内的房贷利息都不到百分之一,想贷款的人却少之又少。

宏观经济学还有一个公式,那就是只要增加货币供给量,让社会各个角落都充满钱,就能提升景气,但日本的货币供给量早就十分充足,却摆脱不了通货紧缩。就如同主张"只要铲平落基山就能达到经济效果"这个论点的前美联储主席本·柏南克(Ben S. Bernanke)所说的,即使用直升机撒钱(如同用直升机撒钱一样,由中央银行或政府直接将钱给国民)也不会有成效。

北海道就是一个很好的例子。二〇一六年夏天,我因个人兴趣,骑着摩托车绕北海道一周,从稚内往佐吕间湖方向走的时候,半天内都没遇过一次红绿灯。虽然道路铺设完善,但因为没有人,所以也没设置红绿灯的必要。直升机撒钱可增加雇用率是没错,但如北海道却不适用这种活化经济的方式。

顺带一提,北海道的青池跟神之子池都是不太知名的景点,就算我在夏天旺季时造访,也几乎不见日本人的踪影,取而代之的是中国来的观光客。看来日本人对于千里迢迢外出看美景的欲望也很低落,所谓的低欲望社会,在这方面也显露无疑。

另一方面,美国则面临国民欲望太过强烈的困境。在世界各国企业的市值排行之中,前十名都是美国企业(至二〇一六

---

1. Flat 35 是日本住宅金融局和前住宅金融公司与私人金融机构联合提供的长期固定利率的贷款产品。

年底为止)。此外,在全球一千家最大企业之中,竟有三百七十家是美国企业。

特朗普总统认为美国被外国欺负了,实际上,这三十年来美国企业变得非常强大。

美国企业欲望过大,日本是低欲望社会,特朗普总统和安倍首相似乎完全不了解自己国家的特征,才会出现恶性通膨或想摆脱通货紧缩却零成效的错误政策。

中国游客的旅行目的已从"购物"转为"体验"

若不计算家庭消费支出的话,日本还是有增长十分显著的项目。具体来说,跨境电商和外国游客消费就属于这一类。(图2)

图2 【参考】消费领域

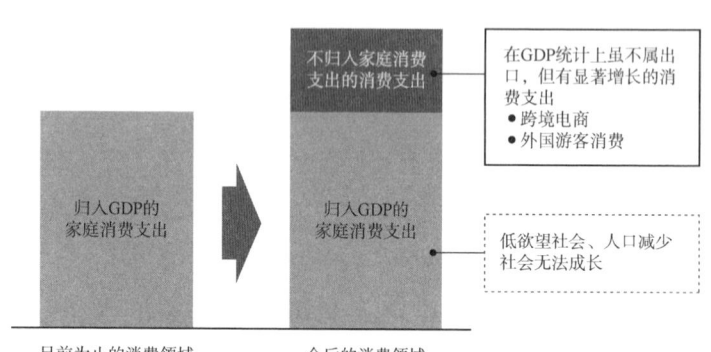

资料:法政大学《掌握消费者群像/企业消费、外国游客消费的意义》
© BBT 大学综合研究所

在三年之前，中国游客爆买的话题还令人记忆犹新，但从二〇一六年起，这个爆买风潮却突然消失了。这并不是因为中国游客减少，而是中国人爱买的日本产品要多纳百分之六十的关税，因此，本来连朋友的份都一起买回国的人就大量减少了。

如今，中国观光客的旅行目的从买东西变成享受美食与观光，也就是从购物转为体验。

爆买风潮之所以会冷却，不只是因为将日本产品带回中国会被课很重的关税，也跟电商发展、中国人在自己国家就能轻易从网络买到东西有关。这里的关键在于阿里巴巴的天猫。

如前所述，由于美国前总统里根的改革，取消了运输规范，因而出现联邦快递或敦豪快递等企业，物流界蓬勃发展。

我还在经营东京台场的维纳斯城堡时，引进了 ZARA 的商品，当时如果星期二下单，星期五就一定收得到位于西班牙拉科鲁尼亚的总公司寄出的商品。我记得当时 ZARA 的配送是包给敦豪快递的。现在，只要是在发达国家，基本上商品都可在二十四小时内送到客人手上。

中国的跨境电商十分发达，连带影响到大型商场的建设。可在网络上买到的东西，不必特地到实体商场选购。中国现在包含建设中的商场共有两千八百家，其中有两千家在营业，但真正有生意的只有上海等都市的一千家，其余一千家都是门庭冷落。而建设中或已取得建设许可的另外八百家也几乎处于停滞状态，重新开张的日子遥遥无期。

在日本的爆买潮虽然已经消失，但中国观光客对日本的印象大致是良好的。因为他们接受的是反日教育，很多人访日时心中仍多少有些反感。但是,在日本体验到日本人的待客精神之后,就发现之前对日本人的印象并不正确。现在,中国每年约有六百万人访日观光,迟早会达到两千万人,到时问题就在于如何提供足够的住宿场所了。

跨境电商和外国游客是活化经济的一线生机

跨境电商分成两种,一种是在日本购买外国产品的入境电商,一种是住海外的人在该国购买日本产品的国外电商。(图3)

图3 新时代的消费者群像

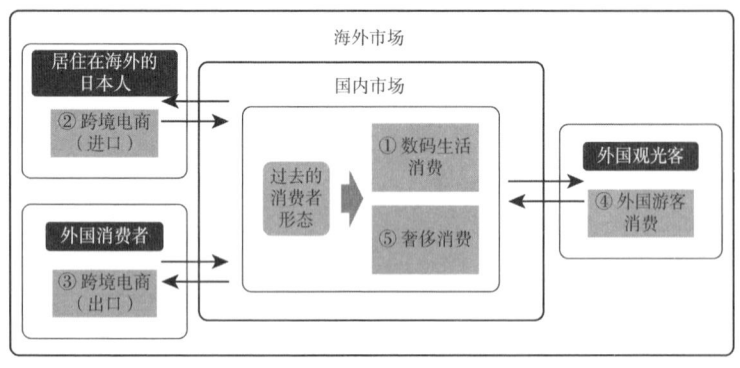

随着入境电商的扩大,同一产品在国内外的价差消失了,这对消费者十分有利。举例来说,我很喜欢的意大利产蒙塔奇诺布鲁奈罗红酒,在意大利当地售价是十九欧元(约两千七百日

元），若寄到日本要再加三百日元关税，也就是总价为三千日元。然而，在乐天网站查询的话，最便宜的也要一万八千日元，而在六本木的意式餐厅要价则高达六万日元。利用境外电商在海外网站直接购买，就可缩小海内外价差，蒙塔奇诺布鲁奈罗红酒用二千日元就喝得到了。

境外电商的规模也在日益扩大，尤其在日本产品购买量日益增多的中国。由于这股风潮实在太强大了，一度似乎出现了商品入境要加百分之六十关税的内部意见。

以中国为对象的跨境电商之中，获益最大的当属尤妮佳的Moony 纸尿布。只不过，尤妮佳在中国已盖了五座工厂，之后想再扩大会有难度。如果中国人都用跨境电商购物，在中国就不需要有工厂了；但如果中国想对跨境电商课百分之六十的关税，届时日本厂商在中国若没有工厂，就会无法因应。要是我们能知道中国政府今后的动向就好了，可惜日本没有这方面的人才。

今后，日本企业必须掌握海内外跨境电商及访日观光客体验消费的现况，借以分析消费者，才有可能成功。

移动支付和社交媒体改变了大众的消费行为

随着智能手机经济的发达，以及数字科技的普及，消费行为也产生了各种变化。（图4）

例如，十年前，消费者在网络上购买的几乎都是机票或书等在任何地方买都没有差别的左脑系商品；相对地，衣服或鞋子等

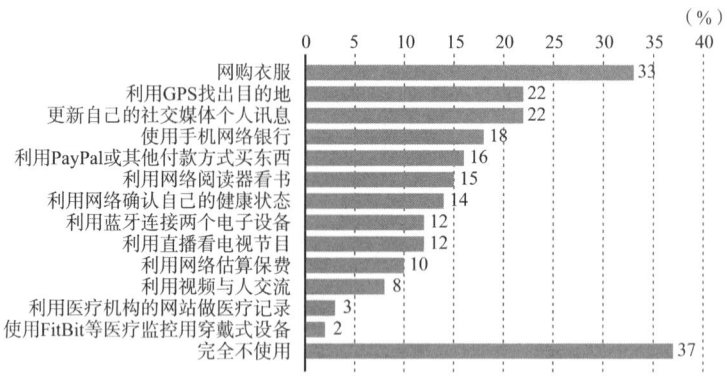

图4 下次会定期用网络做什么？（日本）

资料：全球咨询研究公司、美日金融服务及新兴行业之消费者意义调查（2015年5月）　© BBT 大学综合研究所

右脑系商品会因实物和照片有差异而有很高的退货率。然而，自从导入不满意就可任意退货的系统之后，在网络上买右脑系商品的人就变多了。

很多人理所当然地使用着智能手机的 GPS 功能，不去银行柜台办理业务而选择手机网络银行的人也增加了。

顺带一提，利用智能手机汇款的方式在非洲、印度比日本普及得多，在赞比亚工作的人想要给在赞比亚的妈妈生活费时，经常会使用手机的预付功能，因为非洲的银行分行不像日本这么多，用手机反而更方便。

在中国用于手机付款的支付宝和微信支付功能，使用人数各有六亿人口，形成了巨大的经济圈。

日本的特征则是依年龄段不同，使用的移动设备也各有不同。（图5）

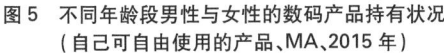

图 5　不同年龄段男性与女性的数码产品持有状况
（自己可自由使用的产品、MA、2015 年）

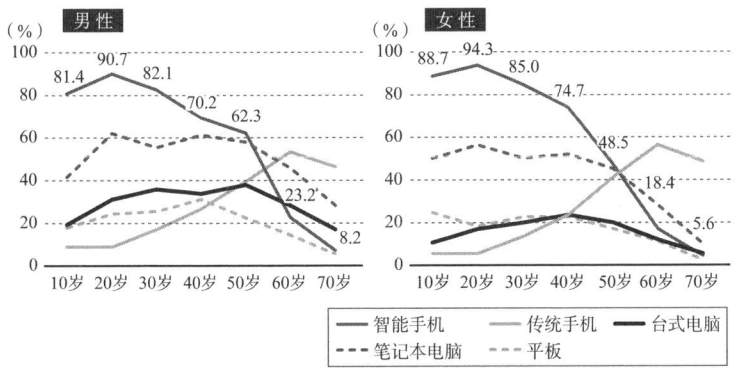

资料：NRI《一万人问卷调查（2015 年）》　©BBT 大学综合研究所

四十岁以下的男女绝大多数持有智能手机，五十岁以上则以传统手机（即俗称的长辈机）的比例最高；笔记本电脑和台式电脑持有率较高的是中年；而不论哪个年龄段，对于平板电脑的使用率都不高，这点让我这个平板爱好者有点讶异。

十至二十岁的年轻人在手机持有率上，无论男女都超过百分之八十，他们习惯在拍照或录像后上传到社交网站。

手机 App 中，有代表性的照片、影片共享 App 包括 SNOW、Snapchat、Instagram（IG）、MixChannel 等。（图 6）

照片共享 App 的"自拍"模式是最基本的功能，此外，把吃美食和旅行等体验上传到社交网站上的自我表现，也是他们生活、消费的动力。

由于把照片发表到社交网站上吸引大家目光的"晒图打卡"是年轻人最在意的事，因而许多企业也提供相关的产品或服务。（图 7）

第一章　低欲望社会的钱潮新流向　013

图 6　主要的照片、影片共享 App

SNOW　　　　Snapchat　　　　Instagram　　　MixChannel
（照片共享App）　（照片共享App）　（影像共享App）　（短片App）

- 可使用SNOW、Snapchat等照片共享App来自拍
- 将美食、旅行等体验上传到社交网站，成为生活、消费的动力
- "网红打卡"产品及服务十分热门

资料：参考各种资料作成　　　© BBT 大学综合研究所

图 7　晒图打卡实施案例

餐厅 Diamond Dining "九州黑太鼓"	百元商店 CanDo	生产柴鱼片"柴鱼花"的 雅妈吉公司
• 贩卖涮涮锅的肉叠到29厘米高的火锅料理"肉肉肉×29盛火锅　辛味噌火山"	• 过去主要客群为40岁以上的家庭主妇，自从开始利用IG宣传之后，30岁以下的女性客人变多了 • 以女性职员为中心策划开发"女生会觉得可爱的产品" • 以照片、视觉作为商品诉求	• 以视觉加工方式将美味料理的照片上传到社交网站

资料：日本经济新闻、东洋经济在线、日经 Trendy 等　　© BBT 大学综合研究所

Diamond Dining 公司的"九州黑太鼓"餐厅有一道火锅料理叫"肉肉肉×29 盛火锅　辛味噌火山"，将涮涮锅的肉叠到二十九厘米高，就是意识到了这种趋势从而开发的商品。

过去,百元商店CanDo以四十岁以上的家庭主妇为主要客层,但是,以女性职员为主策划开发的"女生会觉得可爱的产品"放上社交网站之后,三十岁以下的女性客层激增。这些晒图产品抓住了女孩们的心。

生产柴鱼片、调味料的雅妈吉公司,把柴鱼片削得更薄,撒在料理上看起来非常有分量,照片放上社交网站之后,在年轻人之间也变得很有人气。

有效免费的市调:善用社交网站开发热门商品

以社交网站和网友评价为媒介,消费者和企业一起创造出热门的商品或服务也是智能手机经济的特征。

将此特征与商业完美结合的代表就是Cookpad,其用户以二十至四十多岁的女性为主,每个月有五千七百万以上的人使用(图8)。Cookpad是世界上最大的食谱网站,约刊登了两百三十万道食谱。这个网站有个"实操报告"功能,让依食谱试做的人可将完成的料理和感想发布到网站上。由于日本的老公和小孩极少称赞妈妈做的料理,这个功能在主妇之间大获好评。

在热衷于美妆资讯且消费意愿极高的二十至三十岁上班族女性之间,@cosme是极受欢迎的美妆保养综合网站。成为会员以后,就可观看网友评价排行榜,或参与原创商品的企划及开发,也可针对保养或化妆提出问题。厂商也会将网站上的评价活用在产品开发上,或在这里招募新产品的试用者。

膳魔师网站上的真空保温食物焖烧罐食谱也很受大众喜爱。

图 8　活用智能手机经济特征的商业案例

Cookpad	@cosme/istyle	真空保温食物罐
• 以20至40多岁女性用户为主、每个月有5,700万以上的人使用的食谱网站。约刊登了230万道食谱	• @cosme是美妆保养综合网站	• 膳魔师的真空保温食物焖烧罐
• 日本主妇做的家庭料理，老公和小孩都理所当然地吃进肚里，很少会称赞菜美不美味	• 使用者是热衷于美妆资讯且消费意愿极高的20至30岁女性上班族	• 原本是用来为做好的料理保温
• 在"实操报告"中可得到其他主妇的称赞。这是对发表者的鼓励，让人想继续发表其他食谱，这样的循环可让文章数增长	• 可观看网友评价排行榜或参与原创商品的企业及开发，也可提出保养或化妆的相关问题	• 使用者之间分享了"早上把食材和热水一起放入，中午就可吃到热乎乎的食物"的使用方法
	• 厂商可将网站的评价活用在产品开发上，或在这里招募新商品的试用者，请大家分享试用后的感想	• 公司十分重视顾客的反应，在将"利用余热做菜的保温料理"重新定义并调整行销方式之后，成为人气商品
		• 还出版了活用保温方式的食谱书

资料：各大媒体报道　　© BBT 大学综合研究所

焖烧罐原本是用来为做好的料理保温，后来，"早上把食材和热水一起放入，中午就可吃到热乎乎的食物"这种用法一传开，利用余热的保温料理法立刻受到瞩目，还出版了活用保温方式的食谱书。

景气越差越发达：急速扩大的共享经济

消费形态除了"购买"之外，还有"共享"。最近，共享及共享经济正在急速扩大。（图9）

图9 共享经济的领域

共享×空间 （共享住家、农地、停车场、会议室） SPACEMARKET STAY JAPAN Airbnb nokisaki PARKING Spacee SOCIAL APARTMENT SHOPCOUNTER	共享×物品 （二手、租借服务） airCloset FRIL（现RAKUMMA） Laxus mechakari mercari ジモティー	共享×搭乘 （共享汽车、拼车、成本分担） Uber notteco COGOO CaFoRe Hitch me COGICOGI Anyca
共享×金钱 （众筹） Makuake Readyfor STEERS CrowdRealty	共享×技术 （家政服务、看护、保姆、智能、料理、知识） CrowdWorks　Tadaku coconala　　TASKAJI AsMama　　 nutte Huber　　　ANYTIMES TABICA　　 KitchHike visasQ　　 TIMETICKET DogHuggy	国内市场规模 ●2015年：285亿日元 ●2020年：600亿日元（预估）

资料:共享经济协会　　©BBT大学综合研究所

可以共享的不止物品。优步共享的是搭乘；Airbnb 共享的是空间。根据日本政府的调查,去年访日的外国人有二千四百万人,其中有三百五十万人是 Airbnb 的使用者。

我主办的 BBT 领袖项目会进行过小组讨论。最近的参加者要以小组为单位到 Airbnb 找家庭借宿。有个小组寄来的照片里,竟然有十四个人一起过夜。虽然床只有四张,但不论是四个人住或十四个人住,收费都一样。中国人很喜欢 Airbnb 也是因为这点。他们认为比起住宿费昂贵的旅馆或民宿,Airbnb 更便宜,适合长期住宿,想睡觉的话,就算是沙发,也比旅馆舒服。

Airbnb 对日本银发族来说也是福音。他们的双亲已不在世,子女又独立了,所以原本给两代人居住的房子只剩夫妻两人,空房间如果登记到 Airbnb 上,由于今后访日旅行的外国观光客一定会增加,所以这是个增加收入的绝佳机会。只不过 Airbnb 在法律上仍有灰色地带,政府应该为了使高龄者也能安心加入而尽速修订法规。

网购升级版,第三方支付让闲置经济屹立不倒

新形态消费还有一种服务——使用手机的网购 App 或二手物品交易 App,在网络上进行个人买卖。(图10)

图 10 利用智能手机操作

mercari的网购App

- 公司名称:mercari株式会社
- 所在地:东京都港区
- 成立:2013年2月
- 负责人:山田进太郎(社长[2017年4月起为会长兼CEO])
- 营业额:122亿5,600万日元
- 未上市:预估市值为1千亿日元以上
- 概要:经营网购App"mercari",下载数已突破5,500万次

网购App的使用方法
1. 以手机拍照后输入商品特色即可上架。
2. 一个按键就能购买,之后只要等待卖家发货即可。
3. 每天有数十万件以上的新商品上架。

"物品交易"媒介App

spirale (Hamee)	读取条码就可轻松上架
Clip (Drecom)	利用点赞配对促成交换
Dekirutoredo (ITNET)	跟"提供自身技术"的伙伴配对,进行条件交换
Jimoty (Jimoty)	地方社区App,其中也有物品交换的功能

资料:mercari、日本经济新闻(2016/10/13)　© BBT 大学综合研究所

其中最令人瞩目的潜力股就是mercari,成立时间为二〇一三年二月,虽然资历尚浅,但市值很快就被推定超过一千亿日

元,是日本第一家独角兽企业(即市值超过十亿美元的初创公司)。这个App的使用方法非常简单,卖家用手机将商品拍照并输入商品特色就可刊登在网站上了,而买家只要按下手机上的按键,再等待卖家发货即可。

交易结构虽然与雅虎拍卖雷同,但mercari的卖家与买家之间,是由mercari作为第三方支付,这是与雅虎拍卖最大的差异。也就是说,买家先将商品的款项付给mercari,在确认收到的实物跟照片相同之后,mercari再将款项支付给卖家。借由这种第三方支付的模式,可预防付款纠纷。mercari每天都有数十万件新商品上架。

不要的东西放在家里不会有任何用途,但拍照上传到mercari网站后就可变成钱。这正是闲置经济的代表。

网购App或二手物品交易App的代表还有读取条形码就可轻松上架的spirale、配对点赞促成交易的Clip、交换自身专业技术的Dekirutoredo、地方社区交换网站Jimoty等。

快时尚过时了吗:服饰业的新救星

共享经济很容易和现有企业产生利益冲突,但也有像airCloset服务这种服饰品制造业和租衣业双赢的商业模式。(图11)

简单说明一下airCloset的机制。首先,使用者支付六千八百日元(未税)成为会员,然后将自己喜欢的衣服和尺寸登记在airCloset网站上。接着,专业设计师会依使用者的条件选出三件衣服寄给使用者，使用者若满意就可买下，不喜欢的话就退货，退货时不收取运费和干洗费。

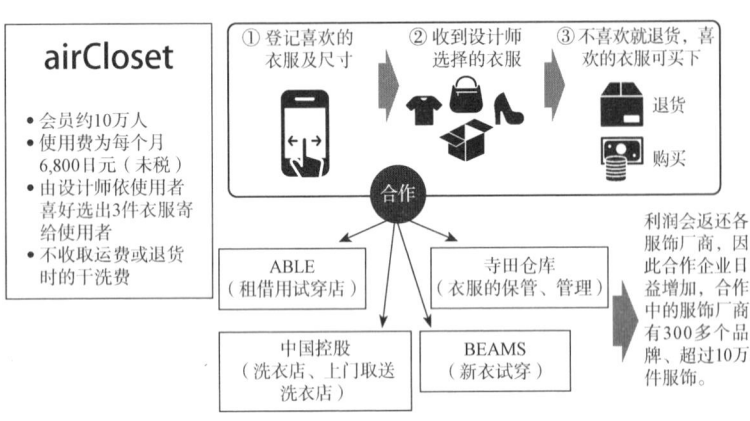

图 11 airCloset 的服务内容

资料：airCloset、日本经济新闻　　© BBT 大学综合研究所

由于会员有十万人，利润会返还给各服饰厂商，因此合作企业日益增加，现在合作中的服饰厂商有三百多个品牌、超过十万件服饰。特别是对于业绩一直萎靡不振的 BEAMS 等集团品牌服饰，airCloset 说不定是意想不到的救世主。

B2C 电商规模达两兆美元，连车都能卖到非洲去

全球的 B2C 电商市场正在急速扩大，市场规模在二〇一六年已超过两兆美元（图 12）。从国别来看，最大的是中国的六千七百二十亿美元，为美国的两倍；而日本则紧接于英国之后，位

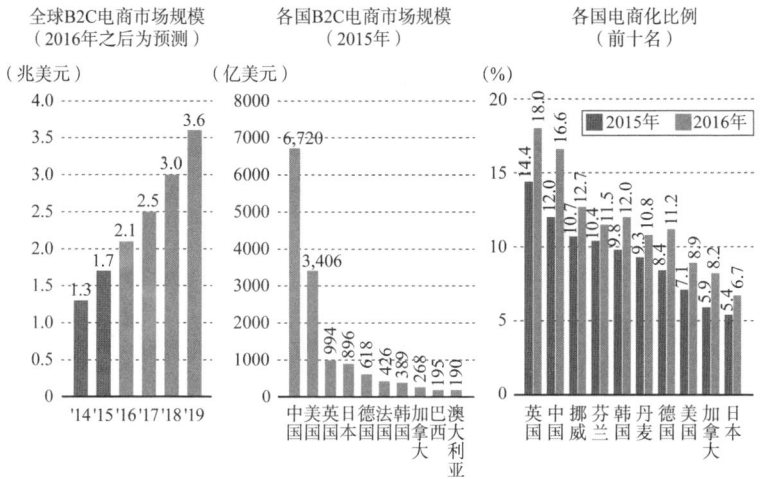

图 12　全球电商市场规模、各国电商化比例

资料:经济产业省《平成二十七年度我国经济社会资讯化、服务化相关基础整备（电子商务相关市场调查）》、invespcro　ⓒ BBT 大学综合研究所

居全球第四名。

从国别来看电商化比例,第一名是英国,第二名是中国,之后是北欧的挪威和芬兰,日本位居第十。不过,今后日本以年轻人为中心的电商化比例一定会再增加。

在日本,以海外客群为对象所成立的电商网站中,BE FORWARD 这家公司急速成长。(图 13)

二〇〇四年三月成立的 BE FORWARD,买进在日本国内仍流通的二手车,出口到非洲等新兴国家。

非洲对汽车的需求年年增加,但有能力购买新车的人依旧是少数。另一方面,日本的二手车流通则十分发达,BE FORWARD 的山川博功社长就是看中这点。

图 13　BE FORWARD 的特色

BE FORWARD公司概要

BE FORWARD株式会社
- 成立：2004年3月
- 负责人：山川博功（社长）
- 买进在日本国内仍流通的二手车，出口到非洲等地的新兴国家，公司规模因而急速增长。
- 顾客可随时从以服务海外顾客为主的电商网站BE FORWARD.JP下单。
- 该网站的每月浏览量在2015年5月为5,600万次。浏览的国家中，非洲的赞比亚排名第六。
- 业绩：428亿日元（2016年6月）
- 二手车出口量：11万6,213辆（2016年6月）

非洲大陆的运输系统
- 建立自家的运输网，利用海路、陆路的"城市运送服务"深入非洲各国。
- 过去运送困难的非洲沿岸港口到内陆的陆地运输系统已建置完成。

资料：BE FORWARD　　© BBT 大学综合研究所

该公司的每月网站浏览量在二〇一五年五月时为五千六百万次，在浏览的国家中，非洲的赞比亚排名第六，可见其热门程度。

非洲人使用智能手机连上该网站后，如果有想买的二手车，就直接在网上下单。接着，BE FORWARD 就会用自家拥有的"城市运送服务"这个运输网将车送达买方。

过去车商在海外卖车时，不论是新车或旧车，都要先在当地有个据点来进行交易。但 BE FORWARD 只需一部手机，就算人在非洲，也能马上确认日本有什么二手车并下订单。在智能手机经济之下，这种事情就是如此简单。

电商势不可挡，却仍有不适用的行业

日本的电商化比例不算大，但市场占有率一年比一年增加，

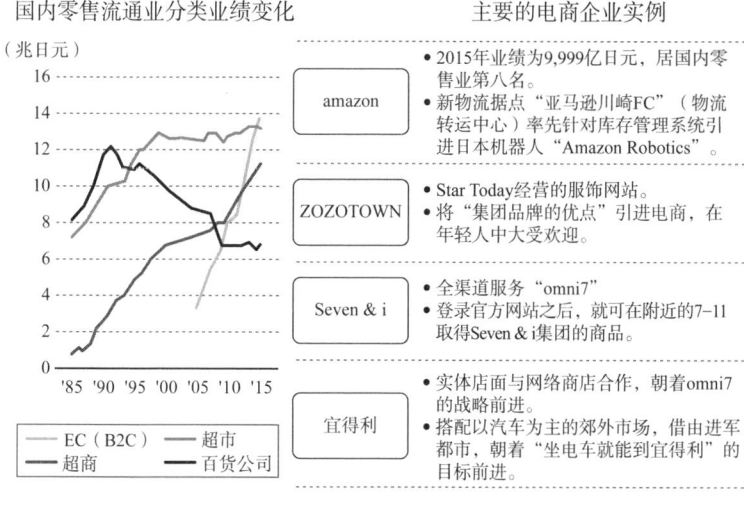

图 14　电商企业成长显著

B2C 的业绩已超过超商或超市。（图 14）

日本国内电商龙头当属亚马逊了，二〇一五年的业绩约为一兆日元。在国内零售业虽然只是第八名，但迟早会登上冠军宝座。亚马逊在小田原及川崎的物流据点完全由机器人作业，投资者为东贩、日贩等出版经销商。日本的书籍因为有转售价格制度保护，所以一定要用定价出售。靠着定价和进货价的价差产生的百分之二十利润，让亚马逊可发展自家的物流。

提到服饰业的电商，则以 Star Today 经营的 ZOZOTOWN 行情看涨，该商家靠着将"集团品牌的优点"引进电商，在年轻人中大受欢迎。

而全渠道服务"omni7"让顾客只要登录官方网站，就可在

第一章　低欲望社会的钱潮新流向　023

附近的 7-11 便利店取得 Seven & i 集团的商品。虽然现在业绩尚在苦战之中,但未来预计是会增加的。

宜得利的实体店面也与网络商店合作,朝着 omni7 的路线前进。宜得利的商品在全国都是统一价格,而且都是自家生产贩卖,所以很适合电商模式。如果是由代理店采购国际品牌再贩卖的形态,价格便不会相同,就不适合走电商模式。

中间商的最大威胁:当卖家也全球化……

BUYMA 购物商城是跨境电商,住在世界各国的卖家在当地购买该国的名牌并上架之后,买家就可用合理价格购入这些名牌,因而非常受消费者欢迎。(图 15)

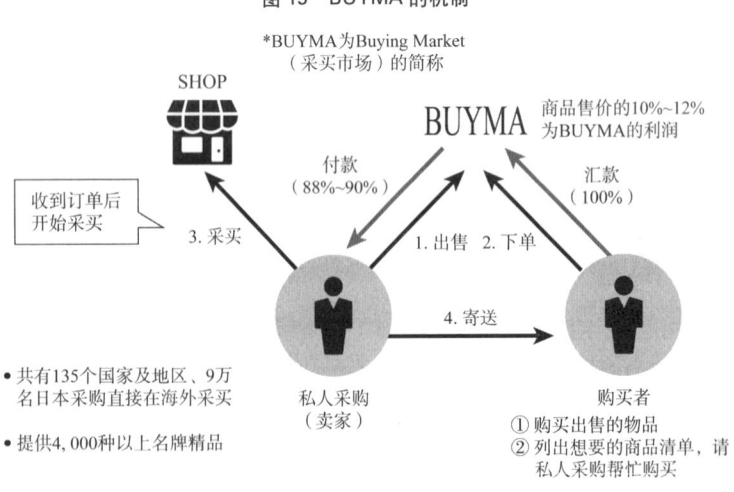

图 15 BUYMA 的机制

过去,中间商赚取了八成的利润,这是因为相同产品在日本买会比当地买贵了好几倍,因而形成极大的价差。另一方面,BUYMA取得的利润只有商品售价的百分之十至百分之十二,所以价差不会太大,如此一来,百货公司就完全不是对手了。

此外,日本企业的职员被派驻海外工作时,若是携家带口一起去,太太就可以成为卖家,现在这种卖家在世界一百三十五个国家及地区共有九万人。不管哪家百货公司,采购(卖家)顶多只有二十人,从这点来比较的话,BUYMA完全占上风。

今后,这九万名卖家也可担任当地的导游,可谓商机无限。

天猫、淘宝等中国跨境电商的热销商品

日本、美国和中国的跨境电商规模年年扩大(图16)。其

图16 中国电商市场倍受瞩目

美日中的消费者跨境电商市场规模（2015年）

流向	金额
中国	1兆6,398亿日元
美国	9,037亿日元
日本	2,229亿日元
中国→美国	8,442
美国→中国	3,656
中国→日本	7,956
日本→中国	210
美国→日本	5,381
日本→美国	2,019

日本以中国消费者为主的跨境电商市场规模（预估值）（兆日元）

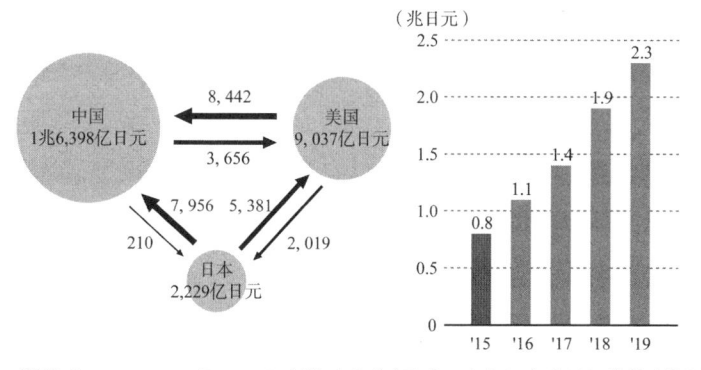

年份	规模
'15	0.8
'16	1.1
'17	1.4
'18	1.9
'19	2.3

资料:live-commerce、iResearch、经济产业省《平成二十七年度我国经济社会资讯化、服务化相关基础整备(电子商务相关市场调查)》 ⓒ BBT 大学综合研究所

中,日本的国外电商对手中国更是有显著成长,其金额已经超过了一兆日元,预测二〇一九年将达到二点三兆日元。

在中国的 B2C 跨境电商之中,阿里巴巴集团的天猫傲视群雄,市占率高达百分之五十六点二(图 17)。阿里巴巴集团还经营着 C2C 的淘宝、B2B 的阿里巴巴等网络购物平台。

图 17 具有压倒性实力的阿里巴巴集团

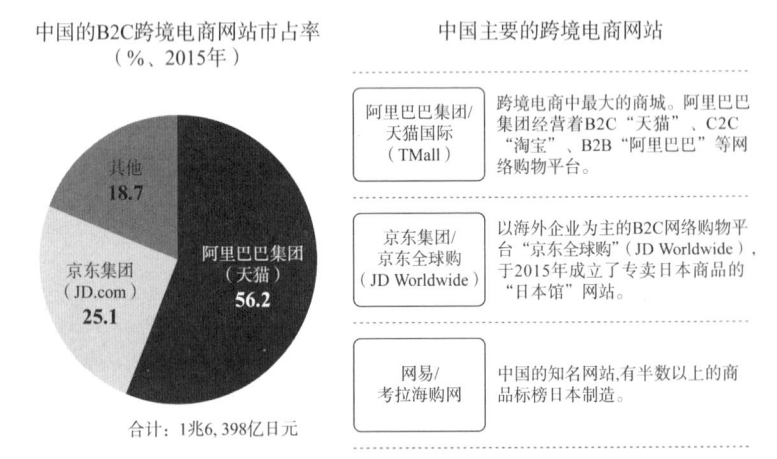

中国的B2C跨境电商网站市占率（%、2015年）

- 阿里巴巴集团（天猫）56.2
- 京东集团（JD.com）25.1
- 其他 18.7

合计：1兆6,398亿日元

中国主要的跨境电商网站

阿里巴巴集团/天猫国际（TMall）	跨境电商中最大的商城。阿里巴巴集团经营着B2C"天猫"、C2C"淘宝"、B2B"阿里巴巴"等网络购物平台。
京东集团/京东全球购（JD Worldwide）	以海外企业为主的B2C网络购物平台"京东全球购"（JD Worldwide），于2015年成立了专卖日本商品的"日本馆"网站。
网易/考拉海购网	中国的知名网站,有半数以上的商品标榜日本制造。

资料：日经 Business(2017/2/3)等各种资料 © BBT 大学综合研究所

京东集团/京东全球购(JD Worldwide)也是以海外企业为主的 B2C 网站,特色是设有专门贩卖日本商品的"日本馆"网站。

在中国的跨境电商网站上,以日本商品最受欢迎,网易的入口网站"考拉海购"有半数以上的商品标榜日本制造。

十一月十一日(双十一)是中国的"光棍节",自从二〇〇九年阿里巴巴的天猫将这一天定为购物节之后,现在每年双十一都被认为是大特价的日子。(图 18 左)

图 18　在双十一大热卖的尤妮佳、MIKI HOUSE

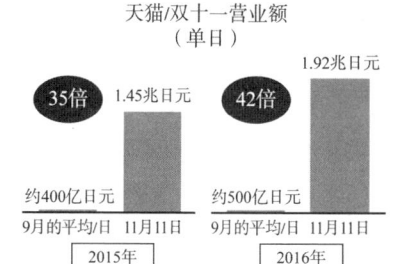

天猫/双十一营业额（单日）

35倍　1.45兆日元
约400亿日元　9月的平均/日　11月11日
2015年

42倍　1.92兆日元
约500亿日元　9月的平均/日　11月11日
2016年

- 11月11日的"双十一（光棍节）"是中国网络购物平台最大的活动。
- 在这个一年中最盛大的网络购物节，每家公司都有心理准备可能会因运费及大幅降价而亏损，但仍会举办大特价。
- 2016年天猫双十一的单日业绩是1.9兆日元，是平均业绩的42倍。

双十一畅销商品TOP 10（天猫）

排行	企业名称/商品名称	企业国籍
1	尤妮佳/Moony纸尿布L54入	日本
2	MIKI HOUSE/男女童装福袋	日本
3	A.H.C/氨基酸保湿精华面膜	韩国
4	INTERLAGOS/进口羽绒被	日本
5	KIRKLAND/咸味杏仁	美国
6	BLACKMORES/VE面膜	澳大利亚
7	BRAUN/耳温枪	德国
8	花王/妙而舒纸尿布	日本
9	Bellamy's/奶粉	澳大利亚
10	FOREO/LUNA MINI2Plus洁面仪	瑞典

资料：中国市场战略研究所《从双十一热销商品看中国式畅销》
ⓒ BBT 大学综合研究所

冷门的更卖不动，中国电商的销售也呈 M 型吗

二〇一五年十一月十一日，天猫的营业额高达一兆四千五百亿日元，与同年九月的日均营业额四百亿日元相比，增长了三十六倍。

在二〇一六年，双十一的单日营业额更增至一兆九千两百亿日元，而同年九月的日均营业额是五百亿日元，增长了三十八倍。[1]

---

1. 二〇一七年双十一的单日营业额为两兆六千六百八十八亿日元，比前一年多了百分之三十九，刷新历年最高营业额纪录。

第一章　低欲望社会的钱潮新流向　027

营业额排行榜如前表记载(图 18 右),冠军是尤妮佳的 Moony 纸尿布,第二名是 MIKI HOUSE 的童装福袋。前两名都是过去在日本造成爆买风潮的商品,也就是说,中国电商的畅销品都是中国人耳熟能详的品牌,在特价时更是卖翻了。

一般来说,电商畅销商品的特征是在一般商店不太有人气的东西反而能热卖,也就是符合"长尾理论",但在中国电商却是已经很抢手的人气商品会更畅销,冷门商品则完全卖不动。

天猫的业绩分品类来看的话,面膜销量第一的 Quality 1st,总公司位于东京港区,员工只有五个人,是一家年营业额约四十亿日元的小公司(图 19)。然而,他们邀请中国的明星或运动员试用,再利用百度等社交网站分享效果之后,成功地提升了知名度。

图 19　尤妮佳与 Quality 1st

尤妮佳	Quality 1st
• 活用在中国市场的高知名度而加入跨境电商。 • 以廉价版"妈咪宝贝"纸尿布提高知名度,让大家想要使用。 • 以顶级版Natural Moony作为价格战略产品。 • Natural Moony在双十一卖出63万包。 • 高原豪久社长还在天猫网站强调产品的安全性。	• 总公司:东京都港区,员工:5人,年营业额:约40亿日元。 • 在国内举办产品体验会,邀请在日本的中国人,利用评价达到分享效果。 • 请中国的明星或运动员试用之后,再利用社交网站广为分享。 • 从天猫2016年双十一的不同品类业绩来看,面膜非常受欢迎。

• 人气都集中在各类别的冠军产品,后梯队的产品有完全卖不动的倾向。
• 中国跨境电商的潮流变化极快。
• 比起重视事业计划,更重要的是试错(trial and error)。
• 较适合由上而下管理的老板型企业或中小企业。

资料:各种资料　　Ⓒ BBT 大学综合研究所

最近也出现了在贩卖或物流方面支持跨境电商的企业、服务（图20上）。如果不习惯跨境电商，或许可以对这部分善加利用。主要的物流企业与跨境电商的组合已整理成下方表格，请读者务必看看。（图20下）

图20　日本企业持续对中国提供电商服务

主要的跨境电商支持服务

企业名称	主要贩卖国家及地区	内　　容
NHN Techorus	中国	除了在当地网站设立店铺，也支持代买服务
ASKUL	中国	成立自家电商网站"LOHACO"的中国版
transcosmos	中国	成立自家店铺"transcosmos 海外旗舰店"
MicroAd	印度	利用自家的电商网站或当地既有的网站支持开店，与近铁运通等合作
雅虎	中国	与阿里巴巴集团合作，对展店费用或网站内的客户群给予优待
乐天	中国	对在自家电商网站"乐天市场"展店的店铺给予协助
Recruit Lifestyle	中国、东南亚	对在自家电商网站"Ponparemall"展店的店铺给予协助

主要物流企业跨境电商交易模式

企业名称	内　　容
雅玛多控股	支持在中国京东集团购物网站上展店
日本通运	与中国阿里巴巴集团在物流上合作
SG 控股	在东京设立跨境电商的货物专用设施
ANA 控股	针对日系企业，支持统一的通关运送

资料：日经 Computer（2016/4/14）　　© BBT 大学综合研究所

第一章　低欲望社会的钱潮新流向

东南亚旅客正在增加:提高观光收入的关键

二〇一六年抵日观光的外国旅客多达两千四百零三万九千人,创下历年最高纪录。(图21)

图21 急速增加的东亚赴日外国人

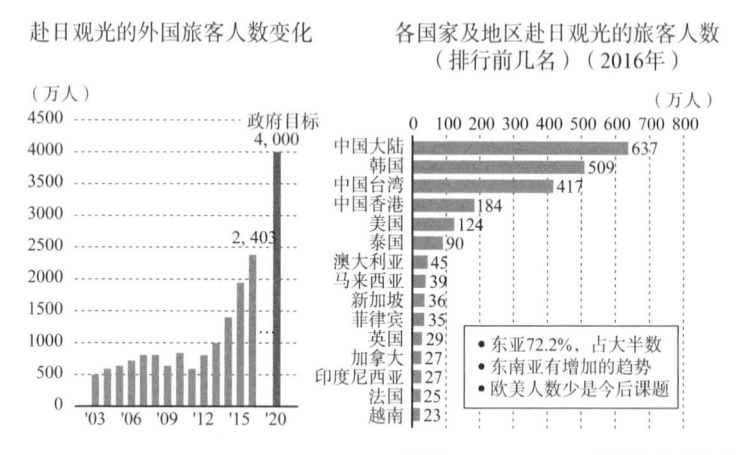

赴日观光的外国旅客人数变化

(万人)
- 政府目标 4,000
- 2,403('15附近)

'03 '06 '09 '12 '15 '20

各国家及地区赴日观光的旅客人数(排行前几名)(2016年)

(万人)

国家/地区	人数
中国大陆	637
韩国	509
中国台湾	417
中国香港	184
美国	124
泰国	90
澳大利亚	45
马来西亚	39
新加坡	36
菲律宾	35
英国	29
加拿大	27
印度尼西亚	27
法国	25
越南	23

- 东亚72.2%,占大半数
- 东南亚有增加的趋势
- 欧美人数少是今后课题

资料:JINTO　©BBT大学综合研究所

各国家及地区中,最多的是中国大陆(六百三十七万人),占全部观光客的百分之二十七,接着是韩国、中国台湾、中国香港。值得一提的是第三名的中国台湾,访日旅行人数约为四百一十七万人,相对于中国台湾总人口两千三百万,这数字实在是非常惊人。

从整体趋势来看,东亚各国的比例占百分之七十二点二,东南亚也有增加的趋势。另一方面,欧洲、美国和澳大利亚的观光客并不算多,这也是今后的课题。

随着中国观光客的增加,接受支付宝(中国的第三方支付平台)付费的日本企业也变多了(图22)。支付宝的机制是消费者出示智能手机的二维码,店家再用收费终端机读取后即可完成交易。至二〇一六年十一月为止,日本国内的百货公司、家电用品店或超商等约三千家店铺可使用支付宝。

图22　支付宝的智能手机支付

支付宝的智能手机支付模式

- 消费者使用者(中国人):智能手机、支付宝App、出示二维码
- 支付宝App也有店铺活动通知功能
- 交付商品 ↕ 支付
- 店铺(加盟店):收费终端机、支付宝App、读取二维码
- 支付宝营运公司 ← 请款/要求付款 — 中国的银行(收单机构) → 结算 → 使用者的账户(Orient Corporation等)

导入支付宝的日本企业

百货公司
高岛屋、近铁、东急、小田急、东武、大丸等
电器行
Bic Camera、山田电机、爱电王、上新电机等
综合免税店
唐吉诃德、多庆屋、LAOX、Kirindo、杏林堂等
超商
7-11、罗森、全家等
奥特莱斯
御殿场的奥特莱斯

资料:根据日经Computer(2016/12/19)作成　　© BBT大学综合研究所

日本企业不仅要让海外观光客在停留日本期间购物,还要让他们在"旅行前"的社交网站或门户网站获得信息,或在"旅行后"从事务数据中找出他们的购买喜好、分析网络留言、利用电商网站,让他们买得到日本产品,这些是今后必须做到的事(图23)。持续这样的循环,就能增加访日旅行的观光客人数,也能跟地区重建联系。

图 23　活用科技使赴日观光客产生循环

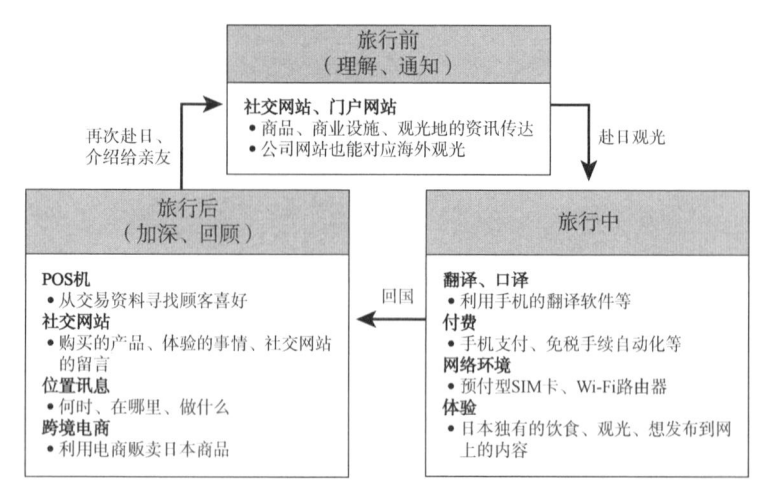

旅行前
（理解、通知）

社交网站、门户网站
- 商品、商业设施、观光地的资讯传达
- 公司网站也能对应海外观光

旅行中

翻译、口译
- 利用手机的翻译软件等

付费
- 手机支付、免税手续自动化等

网络环境
- 预付型SIM卡、Wi-Fi路由器

体验
- 日本独有的饮食、观光、想发布到网上的内容

旅行后
（加深、回顾）

POS机
- 从交易资料寻找顾客喜好

社交网站
- 购买的产品、体验的事情、社交网站的留言

位置讯息
- 何时、在哪里、做什么

跨境电商
- 利用电商贩卖日本商品

再次赴日、介绍给亲友　　赴日观光　　回国

资料：日经 Computer（2016/4/14）　　© BBT 大学综合研究所

但目前的问题在于住宿设施不足。如大阪的旅馆入住率超过九成，所以，就算观光客来了，也没有住宿的地方。如果不尽快进行法规修正，很可能会错失大好商机。

中国游客喜欢什么

有件事也需要注意，那就是访日外国观光客的兴趣已从购物转变为体验（图 24），尤其是想知道众多中国大陆游客今后将如何变化，从对中国台湾游客的研究资料就可窥知一二。

中国大陆游客多次访日之后，就会跟中国台湾游客喜欢同样的事物，例如，中国台湾游客跟日本人一样喜欢喝冰啤酒、吃生食、裸体泡温泉。然而中国大陆游客喜欢喝常温啤酒，不大吃

图24 兴趣从"购物"转为"体验"的变化

海外观光客的变化
- 赴日外国观光客的人数增长
- 爆买行为减少
- 转为体验型消费
- 团体旅行转为个人旅行
- 热门路线转为其他地区
- 旅馆转为民宿

今后方向
- 从量转为质
- 从消费转为体验
- 从移动转为停留
- 从单次转为再访
- 从亚洲转为欧美澳
- 从中间阶层转为富裕阶层

今后要将全球顾客视为"个体"

资料：《赴日观光客的"爆买失速"？日均购买金额减少，注意力转向体验》日本经济新闻(2016/9/26) © BBT 大学综合研究所

生食，也讨厌在别人面前赤身裸体泡温泉。但是，他们也渐渐开始改变，在反复体验之后，变得和中国台湾游客一样了。

以体验式消费成功吸引外国观光客的范例就是北海道二世谷。澳大利亚人罗斯芬德利跟自家人大力宣传二世谷的雪质胜过北美、瑞士圣莫里兹，于是澳大利亚人每到冬天便大举造访二世谷。(图25)

从那之后，外国资本便流进了二世谷。二〇〇三年，欧美式的公寓式酒店开始建设；二〇〇七年，中国香港富商李嘉诚的次子投资了两百亿日元；二〇〇八年，马来西亚的 YTL 企业也投资了两百亿日元，因此，二世谷现在有非常完备的滑雪场。

不止澳大利亚，亚洲富人也来了。他们和日本人不同，由于基本上是长期停留，所以会在当地投注资产。

外国人投资的不动产等法人数也已超过一百家，五年内增

图 25　访日外国人造成二世谷盛况空前

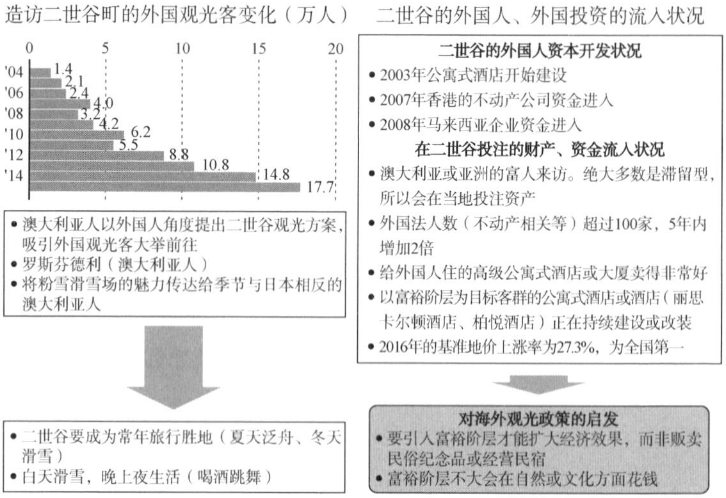

造访二世谷町的外国观光客变化（万人）

年份	数值
'04	1.4
'06	2.1
'08	2.4 / 4.0
'10	3.2 / 4.2
'12	5.5 / 6.2
'14	8.8 / 10.8 / 14.8 / 17.7

- 澳大利亚人以外国人角度提出二世谷观光方案，吸引外国观光客大举前往
- 罗斯芬德利（澳大利亚人）
- 将粉雪滑雪场的魅力传达给季节与日本相反的澳大利亚人

↓

- 二世谷要成为常年旅行胜地（夏天泛舟、冬天滑雪）
- 白天滑雪，晚上夜生活（喝酒跳舞）

二世谷的外国人、外国投资的流入状况

二世谷的外国人资本开发状况
- 2003年公寓式酒店开始建设
- 2007年香港的不动产公司资金进入
- 2008年马来西亚企业资金进入

在二世谷投注的财产、资金流入状况
- 澳大利亚或亚洲的富人来访。绝大多数是滞留型，所以会在当地投注资产
- 外国法人数（不动产相关等）超过100家，5年内增加2倍
- 给外国人住的高级公寓式酒店或大厦卖得非常好
- 以富裕阶层为目标客群的公寓式酒店或酒店（丽思卡尔顿酒店、柏悦酒店）正在持续建设或改装
- 2016年的基准地价上涨率为27.3%，为全国第一

↓

对海外观光政策的启发
- 要引入富裕阶层才能扩大经济效果，而非贩卖民俗纪念品或经营民宿
- 富裕阶层不大会在自然或文化方面花钱

资料：参考日本经济新闻等各种资料文献作成　ⓒ BBT 大学综合研究所

加了两倍，给外国人住的高级公寓式酒店或大厦卖得非常好。另外，以富裕阶层为目标客群的公寓式酒店或丽思卡尔顿、柏悦等高级酒店也变多了，因此，二〇一六年的基准地价上涨率达到了百分之二十七点三，拿下了全国第一。

如同二世谷利用海外观光规划地方创收，若以富人为目标，就可达到非常大的经济效益。

二世谷现在虽然以冬季活动为主，但今后如果在泛舟或高尔夫等活动上多投注心力，会有更大发展。

有钱人其实更多了，实体店面将往高价位发展

数字化开始之后，商品及服务的费用就会下降。相对地，非

数字化的实体经济就会往单价更高的方向发展。(图26)

图26 数字化与未数字化的对比

	数字化后		未数字化(实体)
资产管理	机器人投资顾问	←→	私人银行家
手表	智能型手表	←→	瑞士高级机械式手表
饮食(寿司)	回转寿司 (机器人师傅、平板、机械运送)	←→	职人的寿司店
休闲	数字化游戏 游乐设施(VR等)	←→	天然度假胜地、娱乐(豪华露营) 豪华寝台列车[1](九州七星)
汽车	互联网汽车 自动驾驶汽车	←→	法拉利、保时捷、奔驰

© BBT 大学综合研究所

尤其是右脑系的商品或服务,让会刺激欲望或想象的精品需求变大(图27)了。换个角度来看,这其实代表富人增加了。

二〇一三年到二〇一五年间,富裕阶层、超富裕阶层的纯金融资产增加了百分之十二点九。二〇一六年,日本精品市场比前一年增长了百分之十。其实全世界的精品市场已达到饱和,只有日本还在增长。

汽车方面,奔驰或宝马等高级进口车的销量极佳,进口车市场占有率连续四年创下历史新高。

酒店业虽然进展比较慢,但外资高级酒店也开始不断进驻。

---

1. 即夜行卧铺火车。

图 27 国内富裕阶层、高价商品等的市场动向

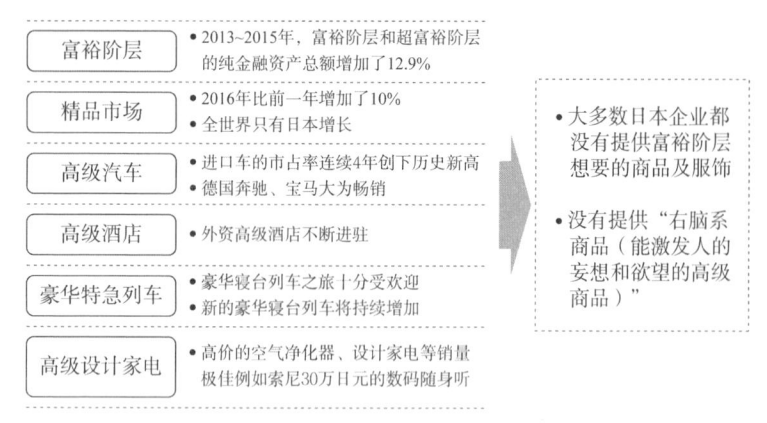

富裕阶层	• 2013~2015年，富裕阶层和超富裕阶层的纯金融资产总额增加了12.9%	
精品市场	• 2016年比前一年增加了10% • 全世界只有日本增长	• 大多数日本企业都没有提供富裕阶层想要的商品及服饰
高级汽车	• 进口车的市占率连续4年创下历史新高 • 德国奔驰、宝马大为畅销	
高级酒店	• 外资高级酒店不断进驻	• 没有提供"右脑系商品（能激发人的妄想和欲望的高级商品）"
豪华特急列车	• 豪华寝台列车之旅十分受欢迎 • 新的豪华寝台列车将持续增加	
高级设计家电	• 高价的空气净化器、设计家电等销量极佳例如索尼30万日元的数码随身听	

资料：参考贝恩公司《2016年秋冬奢侈品市场调研》等各种资料作成
© BBT 大学综合研究所

消费者走向两极化，中价位市场将消失

在休闲娱乐方面，夫妻搭乘"九州七星"畅玩九州岛四天三夜的豪华寝台列车之旅，虽然要价一百二十万日元，却十分受欢迎。据说，今后也会有更多新的豪华寝台列车登场。

另外，像索尼定价三十万日元的数字随身听等高价设计家电也卖得越来越好。

日本的个人金融资产高达一千七百兆日元，其中大多数由六十岁以上的人持有。大概是有一部分人察觉到，与其把钱带进棺材，还不如开始享受了吧！

过去的消费者分成顶级、中间及平价三个阶层，现在则朝两极化发展。只是就算在顶级阶层，高价位的包包仍然卖不好

（图28）。要像盟可睬（Moncler）或加拿大鹅（Canada Goose）等能让人感到有手工价值的名牌，才能生存下去。

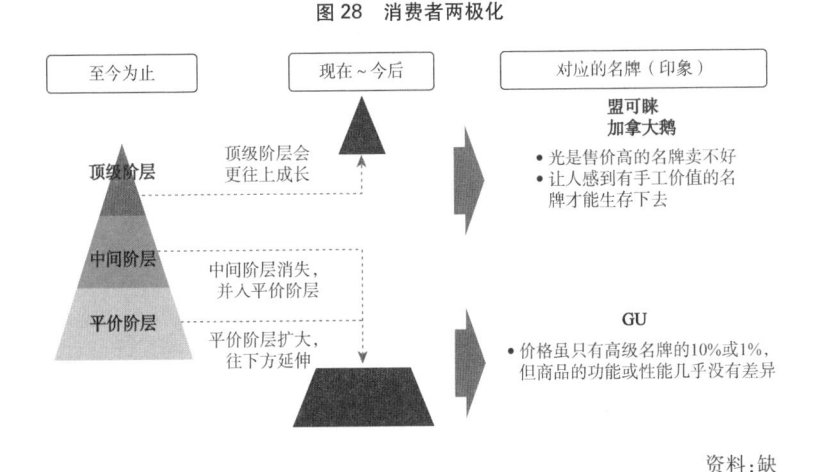

图28 消费者两极化

至今为止／现在～今后／对应的名牌（印象）

顶级阶层
中间阶层
平价阶层

顶级阶层会更往上成长
中间阶层消失，并入平价阶层
平价阶层扩大，往下方延伸

盟可睬
加拿大鹅
- 光是售价高的名牌卖不好
- 让人感到有手工价值的名牌才能生存下去

GU
- 价格虽只有高级名牌的10%或1%，但商品的功能或性能几乎没有差异

资料：缺

反观平价商品，价格虽然只有高级名牌的百分之十或百分之一，但商品的功能或性能几乎没有差异，因此，像是优衣库旗下的 GU 等品牌，今后应该会进一步向基层族群拓展。

花钱不手软的族群最关心的八件事

在餐饮业中，快餐店、咖啡厅或家庭餐厅等开始加强酒精饮品的贩卖，目的在于增加客群和提高客单价。（图29）

此外，山形县的鹤冈或大分县的佐伯等物产丰富地区，或许可向西班牙美食之都圣塞瓦斯蒂安看齐。而四十七个都道府县

图 29　餐饮业的酒类贩卖强化策略

日本肯德基	晚上贩售精酿啤酒或下酒菜的新型店"KFC+咖啡厅&酒吧"于2016年4月开张
TULLY'S COFFEE 日本	午后贩卖酒类的新型店"Prime Five"于2016年3月底在东京银座开张
星巴克日本	2016年3月底于东京浅草成立新型店,贩售合佐红酒、啤酒或其他酒精饮品的小菜
Ringer Hut	贩售煎饺等单点料理并可小酌的店家"强棒酒场"于2015年6月在东京浅草开张
SKYLARK	所有"Gusto"分店于2015年底增加酒精类的品项,也推出梅酒或麦烧酎

⬇

美食之都圣塞瓦斯蒂安(西班牙)

资料:《吉野家可以"小酌一杯"了》日经新闻(2016/4/7)　ⓒ BBT 大学综合研究所

中最没有人气的茨城县,既然也有许多本地美味,何不也考虑一下打造成美食特色的城市呢?

而利用食物进行地方创生的同时,将世界级料理达人带进来也很重要。

经历过泡沫时代的五十至六十岁新高龄富裕阶层,也成为新形态的消费者(图 30)。这些懂得玩又时尚的老型男,在流行、汽车、手表、健康、饮食、旅行、抗老、投资、继承和不动产等领域,都被业界期待为花钱不手软的族群。伊势丹男士馆和阪急绅士馆,很明显就是以这些老型男为目标客群。

要从过去的"被动等待"转为用网络揽客

现在发掘消费者的方式不同,新形态消费的可能性也无穷

图30　老型男

经历过泡沫时代的新高龄
富裕阶级最关心的8件事

01 流行时尚　**02** 汽车　**03** 手表

01流行时尚／02汽车／03手表／04健康、饮食／
05旅行／06抗老／07投资、继承／08不动产……

MADURO刊登文章、标题举例

- 50多岁还是小伙子
- 并非年纪到了才开始用拐杖，而是终于到了跟拐杖相配的年纪
- 与老型男交往的20多岁女性："在闪黄灯时停住的姿态让人觉得从容不迫"
- 维持着高欲望（不管到几岁都止不住欲望）
- 对具设计感的高级念珠感兴趣
- 在投资和继承权上也有自己的想法
- 活到老学到老（男人的生存价值在于死时的样子）

**老型男
不愧是泡沫世代**

既时尚又会玩的五六十岁男子。符合年龄的沉稳酿造出来的品味，让人感觉深具分量

资料：MADURO 媒介资料　　© BBT 大学综合研究所

无尽。中国人如果不再爆买，请别只是惋惜，而要想到网络购物更能创造商机才是。

正在考虑地方创生的人，请务必参考二世谷的宣传方式。二世谷的不动产企业官网全以英文呈现，因为消费者不是日本人，而是海外的富人，所以建置英文网站也是理所当然。

还有一点很重要，商品或服务的提供者与消费者的关系已经以手机为中心了。若能理解这点，就可以像 BE FORWARD 一样，让住在非洲的消费者只要单击手机上的按键，就可购买日本的二手车。能创造出这样的系统，就能赚大钱。

今后毫无疑问是数字化的时代，如何善用数字化创造新消费者，将是成功的关键。（图31、32）

图 31　企业如何刺激新时代的消费者

企业如何刺激消费者		内容	主要事例
利用网络	被动等待的状态 → 利用网络刺激消费者	• 随着智能手机的普及而能得知消费行为的变化 • 除了日本人的国内消费以外，也可掌握其他方面的消费	• 数字化消费 • 跨境电商消费者 • 外国游客消费（体验型消费）
让消费者自己上门	企业	• 消费者可自己设计商品或服务方式 • 可吸取消费者的想法并加以内化，而非重视企业端的想法	• Cookpad • @cosme • 膳魔师
刺激消费者的右脑、感性	企业 右脑 感性 同感 妄想	• 利用C2C的沟通，可让人自然地集中焦点 • 利用网站、社群刺激右脑 • 可直接跟消费者的欲望连结（妄想消费）	• 拍照打卡消费 • mercari • ZOZOTOWN • 老型男

© BBT 大学综合研究所

图 32　掌握"新形态消费者"的方法

企业该怎么做？

- 如何发掘新时代的消费者？
  ↓
  扩大消费的概念，并将海外消费者也视为对象

- 如何将新形态消费者与购买连结？
  ↓
  从过往的"被动等待"转为活用网络刺激消费者

对应新型消费者的方向

①	数字化形态消费	• 重视数字化，调整今的商业、交易模式 • 加入数字化时代的想法
②	跨境电商（进口）	• 利用众筹、闲置经济等想法，善加利用世界各地的达人、买家
③	跨境电商（出口）	• 请中国留学生在社交网站上留言分享，以提高知名度 • 跨境电商的变化速度非常快，必须尽速拓展事业
④	海外消费者	• 停止日本人惯用的强推型服务 • 锁定目标国家及区域作行销 • 开发能让富裕族群消费的模式或服务
⑤	奢侈消费	• 刺激消费者的右脑和感情，让他们能将个人资产投资到市场上 • 引导消费者将无处可花的钱用在日本

© BBT 大学综合研究所

【与巨人同行　大前研一问答录】

Q1　为什么英国的电商化比例那么高?
大前　我认为这是因为英国的商店都集中在伦敦,不像日本企业会在全国展店。在实体经济上,住在英国城郊的人想买东西时,只能跑到伦敦,但电商就没有这方面的问题,所以才那么深受英国人欢迎吧。

Q2　我认为电商的最终模式是支持语音的同步购买,如此就算在开车也能购物,这样亚马逊或许就会成为最后的赢家了吧?
大前　在电商平台中,拥有入口网站、付款平台及物流的亚马逊,今后一定也占有绝对性的优势。

只是,针对今后语音购买的趋势,我持不同看法。使用Ami Voice这种语音识别软件就能输入相当正确的文字,但想完全无误仍很困难。就算是苹果的Siri也常常会听不懂,而回答:"对不起,我不懂您的意思。"

当然,今后的精准度一定会进一步提升,只是日语中还有同音异义或方言的问题,就算对着麦克风说"酒",软件仍可能会判断成"鲑鱼"。[1] 关东腔、关西腔和音调的不同等方言问题,也会让情况更加复杂。

我以前还在管理everyday.com时,为了让语音也能应用在

---

1. 日语中的"酒"跟"鲑鱼"同音。

购物上,投资了六亿日元在使用 Ami Voice 的语音识别系统上,结果却不尽理想。客人一开始觉得很稀奇而纷纷尝试,但软件却无法辨识他们所说的话,同样的情况发生好几次之后,大家都很不满意,最后就不想用了。之后也有非常多使用者跟我提到,在无人之处对着麦克风讲话,实在有些别扭。由于我也有这样的经验,所以对语音识别仍存疑。

Q3 随着网购盛行,日后个人宅配的数量应该会越来越大,那么在人力和配送上的负担也会比现在更大。这种问题要如何解决呢?

大前 为了将配送中心的货物送到顾客家中,亚马逊在物流上的"最后一公里"煞费苦心。解决方案有两个。第一个是授予当地人特许经营权,公司跟傍晚或晚间有空的人签约,请他们以按件计价的方式送到客人手上,如果是在走路就能到的地方,可能会有很多人为了赚点零用钱而愿意做吧?也可跟优步合作,请优步司机有空时帮忙送货。另一个方案是将货物送到当地的收发处,再由客人自行取货。尤其在市区,白天常常没人收件,再次寄送又会增加物流公司的工作量;但如果请客人去特定地点取货,就不用再寄送一次了。投资新设施设立据点很辛苦,如果利用便利超商或加油站等既有设施,就不用投注太多资金。

Q4 找明星在拍照分享软件 Snapchat 或 SNOW 上打广告宣传,这样有多大的效果呢?

大前 所谓的知名视频博主几乎都不是明星,在 Cookpad 发表热门食谱的也不是,电商特意花大钱找明星代言,我个人觉得没什么意义。

若邀请不是明星但在网络上举足轻重的博主等网红协助宣传,广告效果就会很好。

Q5 在电商成长之后,实体店面扮演的角色会有什么变化呢?
大前 在中国电商平台上架的品牌,很多是没有实体店面的,相对地,日本的实体店面则非常多。但是,这几年来,很多乡下的百货公司因为亏损而结束营业,所以今后日本的实体店面也一定会减少。家电量贩店山田电机为了不要有库存,只把好卖的东西放在店里。与其执行这种半吊子的策略,不如一开始就强化电商这一块。

而友都八喜量贩店为了让客人能买到想要的东西,努力提升产品的多样化,没有缩减分店数。但很多人去店里只为了确认实物和价格,购买仍会到亚马逊。说得难听一点,友都八喜的店铺只是亚马逊的展示区罢了。实体店面为了不让好处都被电商拿走,今后必须好好思考一下战略了。

Q6 我开了西点和鸡肉料理店。在整体业绩上,网购部分大约占了百分之八,未来我想提高到百分之二十左右,该怎么做才好呢?
大前 其实西点和电商的特性不太搭。巴里小川轩的葡萄干夹心饼跟 YOKU MOKU 的雪茄蛋卷质量是公认地好,而且是可久放的食物,所以还可以应用电商,但保存期限短的蛋糕就很难

第一章 低欲望社会的钱潮新流向　　043

了。鸡肉料理的话，可参考茅乃舍在网络平台上贩卖鸡汤的模式，如果能邀请到 La FinS 这样的高级餐厅推荐或背书，成功率就会变高。

Q7　除了非洲以外的发展中国家，像东南亚国家也全以智能手机为中心了吗？

大前　这要视地区而定。例如泰国的人口有百分之十集中在首都曼谷，所以无论是实体或网络，想进行经济活动的话，在曼谷是没什么问题的，其他地区因为店家少，电商增长率就值得期待。印度尼西亚首都雅加达的状况跟曼谷相同，只是在印度尼西亚其他地区手机仍不普及，想送货到一万八千座岛上十分困难，所以电商要马上普及也很不容易。菲律宾也是，能确保有网络环境的大概只有宿雾或吕宋岛，情况跟印度尼西亚类似。

在东南亚想要以智能手机为中心建立电商环境的话，现在大概只有首都圈行得通。

收录于二〇一七年二月二十五日　热海 *SEKAIE* 杂志

第二章

◎川野幸夫
新时代零售业的经营革命

YAOKO超市为什么能连续二十七期
营收、利润皆增长

川野幸夫
Yukio Kawano

YAOKO 株式会社　会长
一九四二年　出生于埼玉县小川町
一九六一年　埼玉县立浦和高中毕业
一九六六年　东京大学法学部毕业
一九六九年　进入八百幸商店有限公司服务
一九七四年　八百幸转型为 YAOKO 株式会社后,担任专务
一九八五年　担任社长
二〇〇七年　担任会长
二〇〇九年　担任日本超市协会会长

连续二十七期营收及利润都增长的超市

YAOKO是拥有一百五十二家店铺的食品超市,据点以埼玉县为主,实际员工数超过两万人。(图1)

在经营上,YAOKO已连续二十七期营收及利润都是增长的(图2),这个成绩在日本公开上市的三千五百家公司中是第二名。顺带一提,第一名是同为零售业的宜得利。

本公司创立于埼玉县的小川町。在全国皆有分店的服饰店

图1　YAOKO的概要(1)

■YAOKO株式会社的概要
- 产业　　　　食品超市业
- 店铺数　　　以埼玉县为中心,拥有152家连锁店(截至2017年1月)
- 业绩　　　　2016年3月期　3,254亿日元
- 经常性利润　2016年3月期　135亿日元
- 商圈区域　　关东圈

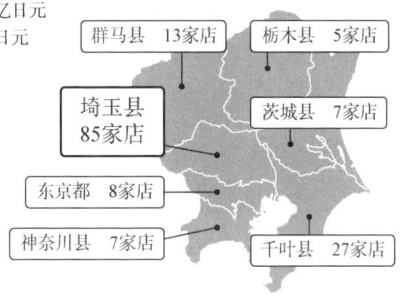

群马县　13家店
栃木县　5家店
埼玉县　85家店
茨城县　7家店
东京都　8家店
神奈川县　7家店
千叶县　27家店

© YAOKO

图2　YAOKO的概要（2）

经营成果　◆连续27期营收及利润都增长◆
（业绩、营业利润、经常性利润、税后当期利润　全部资料）

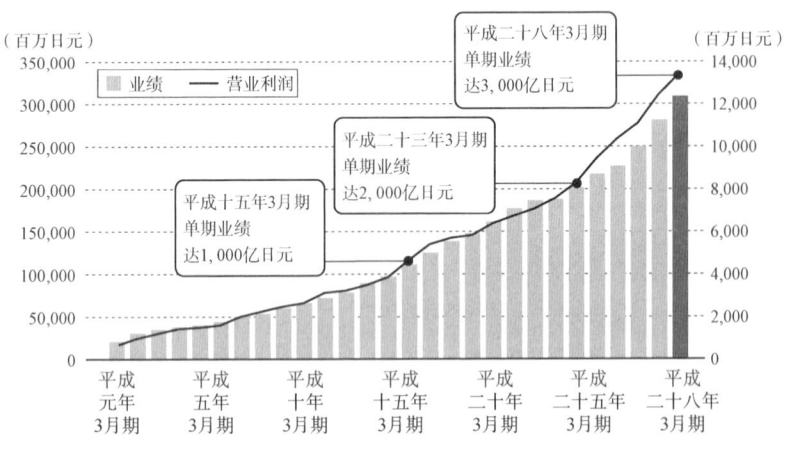

（百万日元）　　　　　　　　　　　　　　　　　　　　（百万日元）

平成二十八年3月期
单期业绩
达3,000亿日元

平成二十三年3月期
单期业绩
达2,000亿日元

平成十五年3月期
单期业绩
达1,000亿日元

业绩　——营业利润

平成元年3月期　平成五年3月期　平成十年3月期　平成十五年3月期　平成二十年3月期　平成二十五年3月期　平成二十八年3月期

©YAOKO

思梦乐也是在这里创立的。为什么位于地方的小城市会诞生两大零售业连锁店呢？理由统整在法政大学小川孔辅教授的著作《思梦乐与YAOKO》（小学馆）中，有兴趣的读者请务必参考。

与本公司有关的另一本书是《日本最强超市：为了创立YAOKO，母亲留给我的五十句话》（产经新闻出版）。我的母亲才是YAOKO实际上的创办人，这本书汇集了她为公司内部刊物撰写的话语。母亲直率地道出她在经营上曾考虑或烦恼的事，这是一本集结她独特"商人之道"的散文集。我听说这本书在良品计划的学习会中被当作教材，希望各位有机会也务必一读。

主导供应链的不再是厂商，而是零售业

一八九〇年，我的祖父在埼玉县小川町自行创业，开了"八百幸商店"这家蔬果店，这是YAOKO的起源。从一九四〇年代到一九五〇年代，八百幸商店成为小川地区最大的食材店，我出生于一九四二年，刚好是那个时期。

我身为长男，自然会被期待继承家业，但随着我长大，不想成为商人的心情越来越强烈。因为我看着不断对客人卑躬屈膝的双亲，完全感受不到商人的魅力，而且店里只是从市场或批发商那买进商品，让我觉得这是个附加价值很低的工作。虽然后来发现这是一个很大的误会，但当时还不成熟且年轻气盛的我无法理解。

因此，我拜托母亲让弟弟继承家业，自己则进入东京大学法学部，目标是成为帮民众争取权益的律师。

在我进入大学就读的一九六一年，八百幸商店转型为当时最先进的正统超市。父亲在前一年离开人世，留母亲只身奋斗。虽然当时我拒绝继承家业，但毕竟是长子，我仍想为辛劳的母亲做一点事。

还是学生的我能帮上什么忙呢？想了又想，我决定钻研零售业及超市的相关知识理论，并教给在埼玉乡下接收不到半点信息、只能自己摸索的母亲。

我在大二秋天接触到以东京大学林周二老师的畅销作《流通革命》（中公新书）为首的各种商品流通相关著作，说也奇怪，

在大量阅读之后,我受到极大的刺激。

另外,成立连锁店经营专业顾问公司"日本零售业中心"的渥美俊一老师所著的《流通革命论》,可说是我进入流通业的契机。

《流通革命论》写道:"至今为止供应链都是以厂商为主体,但今后将是在客人身边、非常理解客人的零售业成为主体,所以一定要设计及掌控整体的供应链才行。"供应链主导者由厂商转为零售业,所以说是"革命"。

此外,当时零售业在社会上的评价及地位还不是那么高,所以,这段话应该也隐含了"零售业请再加把劲吧"的意义。

总之,渥美老师主张的"零售业不加油就无法充实客人的生活"这个观点,我非常认同。这正是我的出发点,也是YAOKO企业哲学及理念的原点。

公司想有前景,就要有明确的理念与经营哲学

我认为对公司而言,最重要的就是"理念"与"经营哲学"。

"让消费者日常的消费生活更加富足,以提升地区文化的发展。"这是YAOKO的基本理念,也是企业存在的意义及目标。讲得更清楚一点,就是"透过超市这个产业帮助世界""让地方居民能感觉到这里有YAOKO真好"。

要成为一家优良、有前景的公司,条件是要有明确的愿景,以及这个愿景在伦理上是正确的。这个说法是堺屋太一先生在其著作中提出的,我读了以后也深有同感。志向远大的企业哲

学或优秀的企业理念都要以此为基础,这对企业而言是不可或缺的条件。

零售业要配合顾客需求的变化,去改变所提供的产品或服务,这种做法被大众视为理所当然,因此也可称为"变化适应产业"。然而,零售业并不只是如此,我们还要负责改变客人的生活,这是我们的任务。

例如,以超市这样的商业形态去改变顾客的生活,或借由超商普及化,让消费者利用超商的生活方式成为常态。

然而,就算产业生态改变,企业哲学或理念也不必改变、不该改变。坚持志向远大且明确的企业哲学或理念,是经营的骨干。企业想要永续发展,这件事是最重要的。

只追求业绩、利润,成不了优良企业

在三十多年前,曾任职麦肯锡的汤姆·彼得斯(Tom Peters)与罗伯特·沃特曼(Robert Waterman)两位顾问分析美国六十多家在成长性和收益上都很高的公司,并出版了统整优良企业本质的《追求卓越》(*In Search of Excellence*)。这本书在美国打破销售纪录,日本版则由大前研一翻译,同样稳居畅销排行榜。

不论在美国或日本,读过这本书的经营者都相信书中提到的企业才是"优良企业",并以它为经营目标。

然而,后来经济泡沫化了,理想的公司形象也跟着改变。业绩和利润至上的公司绝对称不上是优良企业。优良公司还要能获得人们的尊敬及崇拜,这才是最受赞扬的企业。在泡沫经济之后,这样的形象成了大家认同的理想公司。

因此,YAOKO也决定以成为令人赞扬的企业为目标。为此,公司改以"感谢有你"为理念,这也是母亲当家时就一直对员工说的话。人类无法一个人单独生存,大家都是在许多人支持之下活着的。因此,对众人抱持"感谢有你"的心情是人类的生存方式,只要能这样生活,人生就会充实。

工作也是人生的其中一个场景,因此,在工作上,能让人对你说出"感谢有你"也是十分重要的。

被人说"感谢有你",代表我们的工作态度是正确的,也可以说这种工作态度是被人喜爱或尊敬的。每个人都不会想被讨厌或轻蔑,受人喜爱或尊敬时则一定会感到开心及高兴,而且会产生成就感。因此,我总是提醒员工:"工作要做到让人想感谢你""让我们建立一个让人由衷想要感谢的公司""让公司成为人家都想感谢你的公司"。老员工一定会觉得我这个会长怎么老是重复这些话,但"感谢有你"是本公司的基本理念,为了让这个理念屹立不摇,必须一直不厌其烦地提点。

YAOKO可说是日本最有活力的超市,这是因为正式员工、计时人员和契约员工都能理解"感谢有你"这个企业理念,并且共同努力实践的缘故。

在"一人十色"时代,成为专卖店才能生存

战后日本的高速经济增长是世界各国难以匹敌的,这也是

因为从物资匮乏时代进展到应有尽有时代的变化。而现在的日本人则是高质量消费者,对喜好有着非常明确的要求。

若以颜色来比喻日本人的生活,过去是"十人一色",在经济高速增长期则是"十人十色",而从不久前开始,更从"十人十色"转为"一人十色"。换句话说,人们的生活变得更多样化、个性化和高级化了。消费者在有了各种经验之后变得更聪明,我认为现在的"一人十色"状况今后还会再进化。

如此一来,零售业的生存之道也一定要改变。在"十人十色"时代,"我这里有红、蓝、黄"的商业方式广受欢迎,但变成"一人十色"之后,这种"什么都卖"的经营方式却会导致客人流失。对想过红色生活的人而言,蓝色和黄色是碍眼、讨厌的,因此要朝着"如果要红色,这里什么都有"或"我们也能为您准备接近粉红的红色"这种专卖店的方向前进,才不会被淘汰。

也就是说,我们的目标并非什么都卖的万能商店,而是能自豪"想要这个的话,交给我们就对了"的专卖店。

什么都卖、能一站式购买吸引不了客人

这一点从日本零售业三种商业形态(百货公司、综合超市及食品超市)的变迁就可以知道。

在一九七五年(昭和五十年)前后,百货公司的业绩开始下滑,现在地方性的百货业几乎都消失了,可以说什么都卖的百货公司打从一开始就困难重重。

接着，从昭和五十年代后期业绩开始变差的是综合超市。包含过去曾有"西大荣、东西友"美称的两大巨头在内，许多综合超市都濒临倒闭，现在残存的企业也只是苟延残喘而已。

食品超市要在饮食上支持人们的生活，所以得提供各种必需的产品，跟百货公司和综合超市比起来，专门性可以说更高一些。然而，就算是食品超市，从一九九〇年代前期的泡沫化时期开始，业绩也不再增长。这时，许多经营者将原因归咎于景气恶化使大规模零售店铺法放宽，以致大型店铺的展店变容易了，在激烈竞争之下，业绩自然会变差。经营者们并不认为原因出在自己。

我们和其他公司一样业绩低迷，但我的判断是"并非出于外在原因"。客人要求的水平提高了，而YAOKO提供的产品及服务达不到这个水平，客人才不愿上门。这是我所下的结论。

当时的YAOKO没有特色、什么都卖，得不到客人的支持也不奇怪。"从现在开始思考我们要成为什么样的商店吧！"我这样想着，并在一九九四年四月定下第一次中期三年计划，明确建立"买卖概念"和"商业模式"（图3）。超市的作用是将蔬果店、肉店和鱼店等店家集中，打造可以一站式购买的饮食生活，我则针对要发展成什么样的超市做了具体规划。

现在这样的规划仍在进行中，目前执行的是第八次中期三年计划。

图3 YAOKO的中期经营计划

	内　　容	旗舰店
第1次 1994.4 -	方针:"商业模式"的确立	
第2次 1997.4 -	方针:创立"生活提案型超市"	狭山店大改装 (市集型)
第3次 2000.4 -	方针:"狭山店模式"的充实	川越南古谷店 (加强饮食选择建议)
第4次 2003.4 -	方针:"生活提案型超市"让三餐的选择变充实	若叶WALK (加强饮食选择建议)
第5次 2006.4 -	基本战略:确立"生活提案型超市"及YAOKO品牌	
第6次 2009.4 -	基本战略:加强"丰富愉快的饮食生活提案型超市" 确立商业模式的新增长战略	川越的场 (饮食选择建议+ 价格意识强化)
第7次 2012.4 -	基本战略:加强"丰富愉快的饮食生活提案型超市" 打造明显的"分店"差异	东大和 (强化饮食选择建议+ 构造改革)
第8次 2015.4 -	基本战略:加强"丰富愉快的饮食生活提案型超市" 主题:"不只是超市,而是能被称为'YAOKO'的存在"	

© YAOKO

超市必须决定,是主打日常用品还是生活风格用品

食品超市的商品大致上可分为两大类。一种是日常用品,也就是到处都有卖的大众实用品,大多由超市的杂货部门负责

管理，产品几乎都摆放在店的正中央。

另一种是生活风格用品。由于是配合顾客喜好选择的产品，所以很多是归于生鲜或熟食部门，通常排列在墙上的商品属于这一类。

如果用内衣来比喻就更好理解了。例如太太顺手帮先生买的男性内衣只要具有内衣的功能即可，所以属于日常用品；相对的，女性内衣需要视场合不同而改变，所以先生无法顺手帮太太买。也就是说，女性内衣属于生活风格用品。

日常用品到处都有，因此最大的价值就是便宜。主要以日常用品为卖点的超市也称为折扣日常用品型超市。

相对的，以生活风格用品为主的超市则是生活提案型超市。

不管美国或日本，今后超市都将往折扣日常用品型或生活提案型发展，而YAOKO的目标则是后者。（图4）

图4　超市（1）

■ 超市分类（两种形式）
　① 折扣日常用品型超市
　　　价格即价值……价格诉求型
　② 生活提案型超市
　　　商品即价值……价值诉求型（YAOKO）
　　　本公司追求的是"生活提案型超市"

1998年10月
狭山店大改装
"市集型"

© YAOKO

除了供应更多品类,还要提供选择建议

在第二次中期三年计划的第二年,也就是一九九八年十月,YAOKO店铺中占地最大、业绩也稳居冠军宝座的狭山店进行了大改装,成为第一家生活提案型超市的实验店。改装后,由于得到非常多顾客支持,我们确认了这个方向是对的。在这层意义上,可以说狭山店是YAOKO作为生活提案型超市的起点。

二〇〇三年三月,川越南古谷店开张(图5)。这间店的概念是想为客人的饮食生活提供更充足的协助或提案(餐饮选择建议),属于生活提案型超市。YAOKO并非只是提供小菜,还想帮助不知晚餐做什么料理的客人解决问题,我们是以这个想法为出发点的。

图5 生活提案型超市(2)

在饮食生活上给予帮助或提案的超市
‖
打造能提供丰富多元"餐饮选择建议"的超市

2003年3月
川越南古谷店

STORE OF THE YEAR 2004
第一名

© YAOKO

二〇一二年三月开幕的川越的场店,定位是降低生鲜食品价格的新世代旗舰店,追求的是提供饮食选择建议(图6)。在

那之前,大家心中的YAOKO是"产品好但是贵",因此较难吸引经济不宽裕的或年轻的客群。然而,这些客群一定也想拥有丰富愉快的饮食生活,为了实现这些人的愿望,便基于"价格意识"(意识到价格这件事)设立了川越的场店。

图6 生活提案型超市(3)

个人消费低迷
所得差距扩大
割喉式竞争等
很在意价格
过去的YAOKO一直被认为"商品好但是贵"
希望商圈内的客人都能光顾
在价格意识上的因应

2012年3月
川越的场店

STORE OF THE YEAR 2013
第一名

© YAOKO

二〇一三年六月开张的东大和店,是将生鲜及熟食合为一体的旗舰店(图7)。为了比川越的场店提供更多元的品项,我们尽可能增加饮食选择。

二〇一五年四月,将旗舰店发展到极致的LaLaport富士见店落成了。

我们就是这样将每个想法具体化,以满足当下客人的需求,一步一个脚印地展店,才成就了现在的YAOKO。

日本人的饮食生活是YAOKO的基础。大多数日本人热爱

图7　生活提案型超市（4）

- **饮食选择的最大化**
  消除各部门间的屏障
  以整体店面来吸引顾客的眼光
- **构造改革**
  进一步推进专卖店的专业化
  以熟食为主，追求合理、便宜的价格

2013年6月
东大和店

STORE OF THE YEAR 2014
第一名

© YAOKO

美食，过着丰足的饮食生活。此外，在物资丰富的战后社会，大家吃多了美食，舌头也变刁了。而近年来随着老龄化社会来临，大众也更加关注健康饮食这一块。

今后，大家一定会更需要能提供较多饮食选择的生活提案型超市。

当然，大众对折扣商品型超市的需求也不会消失，只是能带给顾客丰富愉快的饮食生活的超市，其存在价值会更大，这点是毋庸置疑的。

不同商圈有不同需求，因而推动"个店经营"

日本的食材中，有很多是不能久放的生鲜食品或冷藏食品。很多时候，新鲜度是等于美味程度的，因此想吃到美味食物，只能频繁地采买。没有食物是放在冰箱里会变好吃的，这也是无可奈何的事。

YAOKO 为了提供新鲜美味的产品,一直致力于减少产品的库存。

只不过,若要经常采买的话,顾客就不会去远一点的地方购物,而会依赖离家近的商店。

身为丰富愉快的饮食生活提案型超市,YAOKO 的想法是提供品项齐全且美味的生鲜及熟食,让顾客想一来再来,这样的话,商圈就一定要缩小才行。能让小范围内的众多客人一再莅临,是我们的特征。

大街或小区中央广场上的市场,都是 YAOKO 所在之处。

日本算是单一民族的国家,不同地方的饮食生活差异并不大,信仰上也可以说没什么差别,所以,YAOKO 位于主要"战场"关东的店面相差无几。

然而,商圈越小,就越要加强该商圈的特性。因为商圈不同,客群的需求也会有些不同。

例如,老年人多的地区和住了很多年轻人的地区,贩卖的东西就不会相同;老街跟新兴住宅区的差异也会很大。

那么,谁最了解到店里消费的客人有何需求呢?那就是实际在门市工作的人员了。因此,YAOKO 尽最大的努力让顾客和店员成为交易的主体。

这时,就需要彻底执行"个店经营"这一方针了。YAOKO 总部扮演的角色是提供支持的后勤中心。

总部里有董事,也有很多资深员工,也就是说,总部的人很容易有"自己很了不起"的错觉。多年以来,我一直告诫大家总部不是最大的,分店才是经营的主体,总部的角色是支持各分店,所以不会仗着自己的身份盛气凌人。

分店一定有自己的优势,像是能提高客人购买力或分享各种信息,因此必须活用分店的优势,让分店成为经营的主体,也就是贯彻"个店经营"。

这跟地方分权制度很接近。由总部全权决定的计划经济模式,在零售业上是不适用的。

胜在全员参与经营,要善用店员的战力

日本有句谚语:"三人聚在一起就有文殊菩萨的智慧。"我把它改成"一百人聚在一起就有文殊菩萨的智慧"。这代表分店的经营不能只靠店长,而要仰赖全体员工的参与。

在YAOKO工作的人很多不是正式员工,她们是家庭主妇,也是饮食生活中的主角。由于她们拥有丰富的经验及知识,所以非常理解客人的需求,也很熟悉当地的信息,因此一定要善加利用这些特点作为战力。公司会对计时人员进行教育培训,以让他们发挥潜在能力为客人服务。全体员工参与经营是YAOKO的特色之一。

日本的女性是非常优秀的,对工作也充满热情。因此,我们希望借由教育培训或技术培训,提升员工的能力。

此外,YAOKO还会让她们全权负责工作,以累积经验。借由PDCA循环[1],让她们渐渐成为人才。

---

1. 指计划(Plan)、执行(Do)、检核(Check)与行动(Action)所组成的管理流程,由美国质量管理大师爱德华兹·戴明(Edwards Deming)推广,又称"戴明环"。

以上不仅限于非正式员工。公司的目标是全员参与经营，当然工读生或计时人员也包含在其中。

自己的付出能马上从客人的感受反映出来，这是在零售业工作最大的喜悦。因此，我希望非正式员工或计时人员也能尽量体会这种工作上的快乐。

如果不实行个店经营的方式，就无法实现我们心目中丰富愉快的饮食生活提案型超市。而独立经营的分店若无法让全体员工都参与，就无法进步。

独立经营的分店的员工若能一起致力于满足当地客人的需求，最后也会成为人才。

比起中央集权、员工只能听从总部的公司，能在第一线确实观察客人、自行计划管理（或营运组织）的公司员工会更优秀。

全日本最有活力的超市的成功秘密

YAOKO被称为日本最有活力的超市企业，理由有两点。第一点是YAOKO拥有崇高的企业哲学，这也是经营的骨干；第二点是商业模式明确，并且为了充实及进化而不断努力。

我们就是这样一直积极成立新卖场或新店面，员工们也都开朗有活力地工作着。我想这就是YAOKO获得以上美誉的缘由。

在一九九八年狭山店改装之前，YAOKO还不是闻名全国的企业，在狭山店改装成为话题之后，就有很多人来参观。二〇〇三年川越南古谷店开幕之后，参观人数更多了，甚至有包游览车前来的公司，当时的店长还抱怨这样会造成客人困扰。

就这样,"日本最有活力的超市"这个称号不知不觉成了YAOKO的代名词。听说现在仍有许多超市非常关注YAOKO,并以YAOKO为目标。超市的水平决定了当地顾客的饮食生活,我认为食品超市的责任重大,所以,我们会一直努力让光顾的客人能拥有丰足的饮食生活。而其他超市看到YAOKO之后,也会受到刺激,这样就能让日本各地的居民都享有丰富的饮食生活。

话虽如此,但我们也只是一介公司,今后仍得继续提高水平才行。

美国前十大公司的过人之处

美国《财富》杂志"最想进去上班的公司排行榜(二〇一六年版)"中,维格曼斯超市(Wegmans Food Markets)打进了排行榜的前十名(图8)。这是一家总部位于纽约罗切斯特的公司,

图8 成为日本人最想进去的公司(1)

美国零售业的社会地位、评价很高

《财富》杂志"最想进去上班的公司排行榜"(2016年版)
【Best 10】　▶ 维格曼斯超市
【Best 100】　▶ 纽格特超市 ▶ 美国大众超级市场 ▶ 全食超市

超市
4家

© YAOKO

业绩规模约六千亿至七千亿日元,相当于每家分店的业绩有八十亿日元,这是它非常大的特色。

如果将排行榜拉到前一百名,还有三家超市进榜。

北加利福尼亚州的纽格特超市(Nugget Markets)业绩为三百亿至四百亿日元,店铺数大约十家,属于小型企业。美国大众超级市场(Publix Super Markets)在佛罗里达拥有一千家以上分店,是业绩超过两兆日元的大企业。全食超市(Whole Foods Market)原本是贩卖有机食品的店,现在领域更加宽广,为客人提供健康但价格较高的产品。

美国零售业的地位就是这么高,如果在日本进行相同的调查,结果又会如何呢?可能在前百大里都不会有半家超市吧。因此,YAOKO的现任社长定下了"让YAOKO成为日本人最想进去的公司"这个目标。会让人想去上班的公司,需要有良好的工作气氛,并且要能让员工因工作产生成就感,而YAOKO想通过以下两点来达成目标:(1)扮演让客人喜爱的角色,让客人对我们说出"感谢有你";(2)提高生产力,提升待遇。

成立公益事业,培养活跃于国际的人才

二〇一一年三月开馆的YAOKO川越美术馆(三栖右嗣纪念馆)是YAOKO的创立一百二十年纪念工程(图9)。馆内展出画家三栖右嗣的画作,并邀请知名建筑师伊东丰雄先生设计。我们曾做过来馆者的问卷调查,结果发现,想看建筑物胜于画作的人占了三成,是一座建筑物也备受瞩目的美术馆。

图9　YAOKO川越美术馆（三栖右嗣纪念馆）

YAOKO创立120年纪念工程
于2011年3月开馆

建筑师
伊东丰雄先生

西洋画画家
三栖右嗣先生

ⓒ YAOKO

我的长男在八岁时夭折，当他还在世时，我完全没尽到父亲的责任，由于心中怀有这份悔恨，我立志要对这个世界尽一份力，因而成立了以提升发展小儿医学为目的的公益财团法人川野小儿医学奖学金财团（图10）。这个财团以我提供的股票配息作为活动的主要资金来源。

此外，我担任母校埼玉县立浦和高中的校友会会长时，成立了公益财团法人县立浦和高中校友会奖学金财团（图11）。设立动机是培育母校及埼玉县内的在校生及毕业生，给予他们经济支持。现在大家都说年轻人是不关心外界、走下坡和消极的，但只要创造能轻轻推他们一把的契机，一定能够培育出活跃于世界的人才。如果无法培养出这样的人才，国家就没有未来了。

听说广岛和福冈的名校之后也会成立和我们一样的财团，我祈愿这样的风气能吹向日本各地。

图10 公益财团法人 川野小儿医学奖学金财团

理事长	川野幸夫
设立年月日	平成元年12月25日
公益认定年月日	平成二十四年4月1日

此财团设立的目的是提升及发展小儿医学、协助小儿医学研究,并为将来以小儿医学为志业的医学学生提供奖学金

1. 协助小儿医学研究者进行研究
2. 对毕业于埼玉县高中的医学生提供奖学金的借贷或支付
3. 针对基础、临床等各领域的小儿医学研究,表彰成绩优秀且在学术上有所贡献的研究者
4. 其他为了达成财团目的的必需事业

补助金提供	377项
（总额616,121,000日元）	
奖学金借贷及支付	共计238名

© YAOKO

图11 公益财团法人 县立浦和高中校友会奖学金财团

理事长	川野幸夫
设立年月日	平成二十五年6月17日
公益认定年月日	平成二十五年11月16日

> ＊埼玉县立浦和高级中学（埼玉县埼玉市）已有120年历史,以校训"尚文昌武"为本、体现文武两道而创立的男校

目的是为埼玉县内高中、埼玉县立浦和高中优秀上进的在校生及毕业生提供奖学金,以及协助青少年健康成长

（1）奖学金的借贷及给付（不须偿还）
  ① 海外实习奖学金　② 留学生奖学金
  ③ 修学奖学金　　　④ 升学奖学金
（2）其他为达成财团目的的必需事业

> 由高中校友会所设立的奖学金财团在日本国内也是极为罕见的尝试

© YAOKO

【与巨人同行　川野幸夫问答录】

Q1　在竞争激烈的超市业,贵公司能连续二十七期营收及利润都增长,这样的业绩实在令人惊讶。但即使您公开传授诀窍,其他公司仍无法达到同样的成绩,这是为什么呢?

川野　虽然从超市业整体来看,竞争很激烈且不断有业者被淘汰,但若只看食品超市的业绩,这几年可说是非常景气。也就是说,陷于苦战的是什么都卖的企业,但能明确知道自己要卖的是什么且改善服务的店家,是可获得好成绩的。

　　此外,我们公司各分店的经营也是强项。因为各分店是采用全员参与经营的商业模式,所以包含非正式员工或计时人员在内,全体员工如果不能理解经营理念及所有作为,营运就不会顺利。因此,想获得好成绩是需要时间的。

　　每天都有人到YAOKO分店参观,听说其中也有人将自己注意到的地方原封不动搬回公司,想将自己的店也打造得像YAOKO一样。但是,就算外表能和YAOKO一样,内在若要和YAOKO相同的话,就需要相当长的一段时间。在这方面,YAOKO可以说姜是老的辣吧。

　　虽说如此,如果用游泳来比喻YAOKO和其他公司的差别,我们顶多只赢过一个头吧。我也很希望能超越别的公司至少一个身体,但目前来说,大概就是这样的程度。

Q2　虽说分店是独立经营,但仍不可能完全脱离总部,随自己的意思执行。在业务这一块,如何区分由总部主导的部分和分店享有掌控权的部分呢?又是如何培育店长的呢?

川野　我们的目标是成为"丰富愉快的饮食生活提案型超市",这是YAOKO的理念和哲学,全体员工都明白,因此要如何将这反映在贩卖上,是由每个分店自己去思考的。

虽然这么说,所有事情都让店长自行构思也太辛苦了,而且一定也有人做不到。因此,会由总部跟店长讨论,例如卖场进货项目有八成由总部提案,剩下两成由店长自由决定。这比例依店长能力也会变成七比三或六比四等,因此,YAOKO每家分店都不同。店长对分店的期望一定会从部分比例反映出来。

为了培育店长,我们实施了有计划及组织的教育训练,在门市实际累积经验也是其中一环。

前几天的人事表彰中,我们将几位优秀的店长升为地区部长。若想将社长的想法传达到组织各个角落,必须在各地区安排社长的分身,培育店长的目的之一也在于此。

Q3　您在看了父母的工作状况之后,一开始并不觉得进货再卖出的零售业有何魅力,当时的想法是怎么转变成了现在的想法呢?

川野　如前面提到的,我十几岁时想成为一个能帮助大众的人权律师。但进大学之后,我读了渥美俊一老师的《流通革命论》而改变了命运。零售业能丰富人类的生活,并使人幸福,书中这样写道。读了之后,我才发现自己过去一直认为零售业是"附加价值很低的工作"是错误的,同时也产生了"YAOKO肩负如此重要的任务，一定要由身为长男的我好好继承"的想法。

Q4　投入个人经费成立美术馆和财团，也是实现 YAOKO"感谢有你"理念的成果之一吗？

川野　透过 YAOKO 超市的工作，实践"感谢有你"的理念，是我最大的课题。这个"感谢有你"的理念也是我的生存目标。我一直不断告诉自己，我还不是完整的个体，所以一定要过着能让大家对我说"感谢有你"的生活才可以。

川野小儿医学奖学金财团是经过首次公开募股，再以个人资产成立的，我很希望能为社会付出，也包含凭吊小儿在天之灵的意义在内。

Q5　YAOKO 表示想收购食品超市 AVE，这项收购有什么意义？

川野　AVE 的总部位于横须贺，以神奈川县为据点，是非常优秀的食品超市。业绩约五百亿日元，经常性利润约百分之五，比 YAOKO 还高。

起初是银行来询问我们愿不愿意将 AVE 纳入 YAOKO 旗下。因为 AVE 虽然业绩很好，在经营上也很有自信，却没有后继者。如此辛苦打下的江山，AVE 想托付给值得信赖的公司，因此选择了我们。

由于 YAOKO 一直公开表示不会合并或收购其他公司，因此这次将 AVE 并入子公司让很多人都感到吃惊，但其背后是基于这样的理由。

这次收购对我们也意义重大。

我们的目标是成为能让饮食生活丰富愉快的生活提案型超市,再怎么降低产品价格,也无法跟其他超市一样平价。同商圈的其他超市倒闭或因改装而暂停营业时,YAOKO 过去不怎么热卖的平价商品就会突然变畅销,我们了解到这种现象,所以过去从不曾经营平价路线。

然而,AVE 属于折扣商品型超市,十分受平价商品的客层支持。今后超市之间的竞争一定会更激烈,届时我们不能只满足于作为饮食生活提案型超市,还得拥有可用平价来决胜负的模式,这样才能在战场占上风。

由于 AVE 和 YAOKO 的想法一致,这次的并购案才会成立。

因此,AVE 不会变成 YAOKO,AVE 就是 AVE,YAOKO 就是 YAOKO,我们会互相切磋琢磨,强化彼此的优势。[1]

Q6 法国的家乐福虽然到日本发展,但才五年便不得不黯然退出,大家都说就算家乐福投资了大笔资金,仍撼动不了 YAOKO。家乐福原本就不对 YAOKO 构成威胁吗?

川野 家乐福是全球知名的零售企业,也有很多人对法国有着憧憬,因此,我们当然会在意。尤其是同业新闻大肆报导 YAOKO 狭山店员工准备以一对一的方式迎战家乐福狭山店,让我们非常担心会造成很大的影响。

---

1. 二〇一七年四月 YAOKO 将 AVE 完全子公司化。——原编注

所以，我立刻到狭山店跟大家说："YAOKO 跟家乐福的贩卖模式不同，因此，大家没必要害怕，我们只要坚守'感谢有你'的公司理念，家乐福不久就会感到疲惫，不用担心。"后来，家乐福退出市场，我也认识到我们这样的做法是对的。

收录于二〇一七年二月二十六日　热海 *SEKAIE* 杂志

第三章

◎金井政明
带动消费者意识觉醒的
"知足哲学"
为什么无印良品反对消费却更能刺激消费

金井政明
Masaaki Kanai

良品计划株式会社　会长
一九五七年生。曾任职于西友株式会社长野分店（现为西友合同会社），于一九九三年进入良品计划株式会社。长年担任生活杂货部部长，负责占业绩关键的生活杂货，推动良品计划的成长。曾负责家电（一九九五年）、保养系列（一九九七年）等新领域的开发，并主导无印良品家具、收纳用品的规格化。二〇〇一年担任常务，启动良品计划的结构改革。二〇〇八年担任社长，之后以制造更优良的产品为重心，在公司内设立"生活良品研究所"，并推广以旅行为主题的"MUJI to GO"产品。二〇一五年担任会长至今，带领公司致力于为人们提出"良好生活"提案，并为居住者及生产者提供用心的商品及服务。

锁定"不跟流行、想活出自我"的客群而大红

良品计划成立于一九八九年,而"无印良品"诞生于更早的一九八〇年。(图1)

图 1　公司概要

成　　　立：1989 年　良品计划　设立
　　　　　　1980 年　"无印良品"诞生
营 业 收 益：3,075 亿日元
经常性利润：327 亿日元
店　铺　数：758 家分店(国内 414 家、海外 344 家)
员　工　数：约 13,530 名

(2017 年 2 月)

ⓒ 良品计划

当时的核心人物是 SAISON 集团的领导人及文化人堤清二先生,以及日本知名平面设计师田中一光先生。

一九八〇年代,堤清二先生周围聚集了各式各样的艺术家,这些智库的智慧集结而诞生了"SAISON 文化",作为发声地的是涩谷 PARCO、LOFT 及西武百货等地。

当堤氏提出"消费型社会的对照组"这个构想之后,田中氏接受了,并提议"寻找最优良的生活者",因为他意识到消费型

社会中有着"大量生产、大量消费、大量废弃"的问题。

堤氏认为,人类是欲望极大且在意他人眼光的动物,当消费型社会一再发展进化,人类就会更加追求名牌、在意流行,产生"好想快点买到那双新运动鞋""我想要最新款的手机"这种想法。

对这种消费型社会抱持疑问的堤氏呼吁要"确保消费者的自由与自立",由于堤氏的抛砖引玉,很多人也纷纷提出了以下意见:"您所言甚是,虽然是少数,但在这个国家,还是有人想以个人价值观过上符合自我风格却又光鲜的生活。""要不要以这种客层为目标来制作产品?""贩卖商品时就别加上名称了吧?"这就是无印良品的起源。

一般在贩卖消费(事、物)时,会很注重外在包装或营销宣传,无印良品却省略了这一切。跟美国传过来的流行名牌完全不同,无印良品反其道而行,反而引起世间注目。

当时,无印良品有一种叫"碎香菇"的产品。通常零售店的蔬菜或水果进货都是形状大小相近的,但直接在产地购买的话,就会买到比较小块或碎掉的食材。这种食材外观的确不好看,但做成高汤材料的话,就不算次品了,我们便基于这种"不筛选但仍是好产品"的想法而将它商品化,最后就诞生了"碎香菇"这个产品。

借顾问之力,避免企业因拓展而失去理念

良品计划已成立三十八年(至二〇一八年四月为止)。堤

氏与田中氏都已仙逝,现在由五位日本专家担任顾问团,延续前人精神,公司每个月开一次会,由良品计划员工讨论"无印良品是什么"。

所谓的顾问团在无印良品诞生之时就存在了。八十年代,堤清二先生经营着两百家以上的分店,但据说无印良品的董事没有一位理解无印良品的理念或存在意义。

若委托他人全权经营,无印良品一定会消失。为了不让这种事情发生,堤氏任命田中一光先生等五人智库担任顾问团。

他们完全不用负经营责任,也不用思考如何将公司扩大,只被要求一件事,就是去思考无印良品到底是什么,这点至今仍未改变。

明明是公司,却不想壮大,很多人可能会觉得不可思议,但实际上,我们一直想维持在中小企业的规模。

那么,我们想要的到底是什么呢?

答案是"对人有帮助",我们想尽力做到这点。

永远考虑到"周遭、生产者、地球"

世界文明是从"饭要怎么吃"这个着眼点开始,分成 A、B、C 三个模式。这是文化人类学者川田顺造先生在著作《从人类的地平线开始——生与死》中提出的。

模式 A 是"工具脱离人类化"。这种工作不论谁做,生产出来的工具都一样,换句话说,就是只看报酬来工作的工作概念。

模式 B 是"工具的人类化"。"这把菜刀我已经用了二十年,简直就是我的另一双手",这种类似银座寿司店师傅的世界,其特征是每日精进,追求"道"的极致。想象成花道、茶道、柔道等会比较容易理解。

模式C是"人类的工具化"。像是把手当成工具来吃饭的乡下人,他们不使用工具,而是把自己的手或身体当成工具来使用。

建立近代基础的是模式A。大家对过于辛苦的肉体劳动或单纯的作业都是能不做就不做,为了简化作业流程,便运用风或水力的转动,发现了制造能量的方法,蒸汽火车和汽车也于焉诞生。

最近全球化这个名词非常流行,但所谓的全球化,重点就是把模式A的机制推广到全世界。此外,模式A也跟《圣经·旧约》记载的人类中心主义这个概念一致。意思就是人类为了更繁荣,必须善加利用自然界的动物跟植物。

相对于此,模式B则是大自然中的动物、植物或人类都要能生存的自然一体主义。

模式C是在严酷环境中仍期望"我要努力过得更好""不能被人抓到",有点像献祭贡品的部落共同体的感觉。

很多人误以为模式B和模式C是过时的、应该被舍弃的,只有促进模式A才能带来繁荣,但我们却认为包含模式B和模式C的多样性更重要。

模式A也逃不了自我家畜化的问题。当变得像被饲养的猪牛等家畜一样之后,人类除了必要的能力之外,其他天赋都会渐渐退化。猪只具备能快速变胖的能力,但自行觅食及逃离天敌的能力却退化了,因此,家畜化的猪无法在野外放生后生存。

相同说法也可套用在以模式 A 为基础、生活在现代社会系统的人类身上。日本人去非洲大草原,听到当地的马赛族说:"象群朝这里过来啰!"但日本人仔细听却什么也听不见;"看得见那里的树荫下有猎豹一家在打打闹闹吗?"日本人凝视了老半天却什么也看不到。这就是在模式 A 中不是很有用的能力退化的明显例子。这种自我家畜化的发展是以模式 C、B、A 的顺序进行的。

我认为自我家畜化的最大问题在于心灵上的变化,人类成为了模式 A 的家畜之后,不知不觉也丧失了身为人类最重要的心。

大约六十年前,日本的 GDP 约是八兆六千亿日元,二〇一六年则是约四百九十兆日元,在这期间,日本经济成长了近六十倍。

因此,我们的生活变得更好是毋庸置疑的。然而,心灵方面又如何呢?

前几天,公司内部针对这件事作了一番讨论,当时,大家提出了以下观点。

"大家变得傲慢了吧""变得很爱找理由""老是怪罪别人""自我中心""不安、不安,还是不安"。

果然,随着自我家畜化的影响,我们的心也被腐蚀了。

只要去百货公司或大型超市,就算人在日本也能买到世界各地的食材。但想备齐如此大量的产品,需要耗费多大的人力呢?二十四小时营业的便利超商确实很方便,但这样很耗电,而发电就需要石油。

现在的人们总说着"好忙",随时利用出租车或地铁,但以前人都是走路的。

连扫地最近都能用机器人取代人类了。

大家都能过着像国王一样的生活,这种理所当然的想法真的好吗?

我每天早上五点起床,散步四十分钟之后,跟附近七八十岁的老爷爷老奶奶一起做收音机体操。早餐吃的是当地生产的青菜,搭配淋上柠檬汁的火腿或培根色拉,不加酱料。因为很早起,晚上十点前就睡了。

"今天的酱瓜真好吃""这个碗真精致",比起国王般的生活,我更在意的是这种事情。

考虑到周遭的情况、生产者的情况、地球的情况来过日子,这才是堤清二先生等人订立的无印良品精神,而将这种精神从日本推广到全世界则是我们的使命。

诉求的是"这样就好",而非"这样很好"

无印良品(至二○一八年四月为止)在二十八个国家和地区拥有分店,对无印良品觉得有亲切感的,主要是一九八○年后出生的年轻人。

这个倾向在中国也一样。有趣的是,在中国进行问卷调查后发现,年轻人对无印良品的印象是"平等"。"平等"一词在日本很少出现,可能是无印良品能让使用者在用法上自由发挥创意吧。

无印良品想推广到世界各地的价值观不是"这样很好",而是"这样就好"。

一般零售业的贩卖方式都是"我们家这个产品很好",但无印良品提供的产品却是"不,这样的产品就好了"。(图2)"这样就好"或许让人有不得不接受或忍耐的感觉,但我们的"这样就好"很明确是自信满满的"这样就好",这就是我们对产品开发的愿景。

图2 "无印良品的未来"(节录)

无印良品不是名牌。无印良品不把商品做得很有个性或加入流行元素,也不会把商品的人气反映在价格上。无印良品是基于地球未来消费模式的观点来制造产品,而非基于"这样很好""非这个不行"这种强烈的喜好。无印良品期望的不是"这样很好",而是"这样就好",希望让客人能有理性的满足感。也就是不要"很",只要"就"。

然而,这个"就"也是有等级之分的。无印良品的"就"以尽量提高水平为目标。"很"隐含着微妙的自我主义或不协调感,而"就"则带有包含了抑制或让步在内的理性。另一方面,"就"可能藏有放弃或微小的不满,因此,提升"就"的水平,可去除这样的放弃或不满。我们创造出这样的"就"次元,实现了明确又充满自信的"这样就好",这就是无印良品的愿景。(下略)

引自无印良品官网"无印良品的讯息"
(https://www.muji.net/message/future.html)

© 良品计划

感觉现代人对于自己的"国家""宗教""民族"经常表达自身的权利和意见,但一直这样下去的话,世界会无法进步。相对地,日本人对自己想说的话总会有所保留,比起主张个人主义,更在意均衡协调,所以才会有"知足""只吃八分饱"的想法。如果你问我日本能向全世界传达什么有用的讯息,我想就是这种理念了吧。

就算有再多问题,只要人们优雅地生活,社会就会变得更美好。因此,无印良品非常重视尽量用朴素简约来制造美感,以基于这种日本精神的设计为武器,让全世界接受。

我们还有一个想法类似"吃饭八分饱",那就是"产品八分就好",例如卫生纸是"宽度再窄一点也可以吧?",棉花棒是"只要花点工夫,短一点也能用"。我们的宗旨就是尽量以较少的资源或材料来制造多功能的产品。

以"绝对价值"取胜,而非"相对价值"

少子老龄化日益严重的日本,据推测在二〇五〇年人口会跌破一亿人,剩九千七百万人,平均年龄则是五十三点四岁。不同年龄的比率,十四岁以下为百分之九点七,十五至六十四岁为百分之五十一点五,六十五岁以上为百分之三十八点八。(图3)

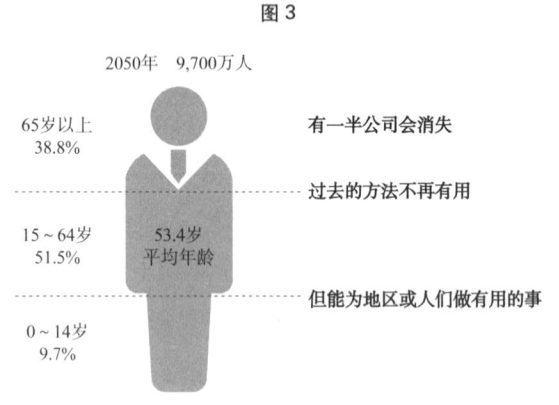

图3

2050年　9,700万人

65岁以上
38.8%

有一半公司会消失

过去的方法不再有用

15~64岁
51.5%

53.4岁
平均年龄

但能为地区或人们做有用的事

0~14岁
9.7%

© 良品计划

在这种状态下,现存的公司很可能有一半会消失,而且到时过去的经营方式可能都没有用了。老实说,我也不知道这样的日本如何能维持正收益,只能思考如何才能对地区及人们有帮助,而这就需要一个大战略来彻底执行。

今后我们的目标不是"相对价值",而是"绝对价值";不是靠着比其他公司便宜或买东西送点数来决胜负,而是靠就算再小也能创造独特性的价值。为了达到这个目标,在企划、设计、物流和贩卖等方面我们都亲自执行,不假手他人。

我们不做争夺的公司,要做有竞争力的公司。我们不会因为对手犯错而窃喜,也不会因为抢走竞争对手的市占率而开心,我们只探求自家公司的想法及观念,所谓的竞争对手就是自己。

多角化经营,让无印精神渗透消费者的生活

为了实现无印良品的想法,我们经营非常多样的事业,营地就是其中之一(图4)。日本有大约二千二百座营地,绝大部分都是町营或村营,有七成处于亏损状态。由于财力无法负担,再这样下去,这个数字一定会减少。而在智能手机当道的现在,不能用电话预约的地方竟然占了百分之八十一,完全无法吸引人。我们现在拥有三座营地,正慢慢累积有关预约系统及集客的知识,如果可以提供这些知识的话,或许就能帮助亏损中的营地起死回生。

我们的子公司 MUJI HOUSE 经营住宅事业,觉得屋龄二十五年的建筑物就失去资产价值这种现况很奇怪,为了让屋龄二

图4 实现"良好生活"

广泛的无印良品活动

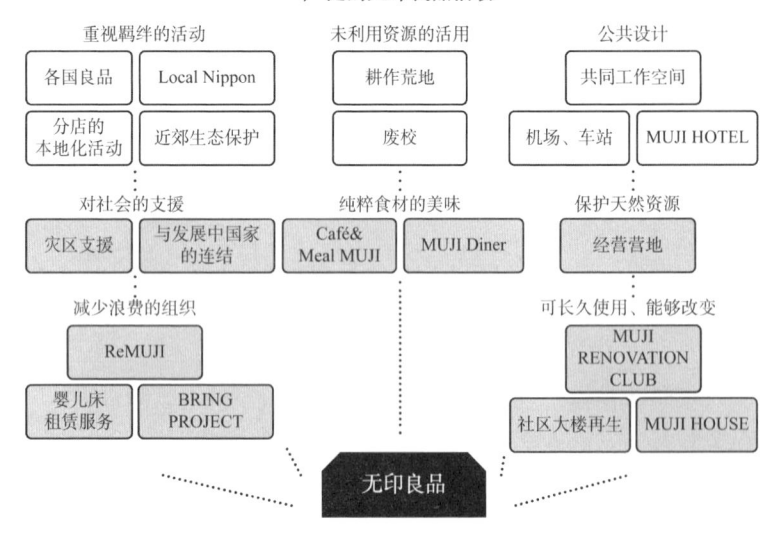

重视羁绊的活动
- 各国良品
- Local Nippon
- 分店的本地化活动
- 近郊生态保护

未利用资源的活用
- 耕作荒地
- 废校

公共设计
- 共同工作空间
- 机场、车站
- MUJI HOTEL

对社会的支援
- 灾区支援
- 与发展中国家的连结

纯粹食材的美味
- Café& Meal MUJI
- MUJI Diner

保护天然资源
- 经营营地

减少浪费的组织
- ReMUJI
- 婴儿床租赁服务
- BRING PROJECT

可长久使用、能够改变
- MUJI RENOVATION CLUB
- 社区大楼再生
- MUJI HOUSE

无印良品

ⓒ 良品计划

十五年以上的建筑物资产价值不降低,便进行了结构计算。

在经济高度成长时期建成的住宅,随着居民老龄化也跟着老旧,而小区大楼再生的目的就是让这些小区大楼起死回生。

在公共建设方面,我们则经手过成田机场的第三航厦改造。利用有限的预算,将机场的椅子设计成可假寐的场所,这是我们独有的巧思。

提倡对自然、劳力的重视,进一步实现"良好生活"

随着都市化和全球化的发展,人们渐渐失去谦卑。进入都市之后,原本是动物中最弱的人类却觉得自己变得很了不起,越来越傲慢,现在的建筑物或车辆设计也是如此。五十年前的车子都带有一点可爱感,现在满街横行的车子却都一副很威风的样子。

这样下去不行。我们意识到这点之后,为了让大家再度在乎要与自然共生,开始提倡"从本土开始的未来"。

而且,人们对劳动的敬意正一点一点地在流失,这是自我家畜化的现代特征。我们认为这也是个问题。

日文的"工作"含有英文的"Labor""Work""Play"三种意思。近年来,日本对种田或开卡车一类的劳力工作有轻视的倾向,认为这些职业比不上坐办公室的工作,而想从事这类工作的人也越来越少。然而,当 AI 进入职场之后,也会对白领劳工造成威胁。我们想让员工变得"开心",更想将玩乐变工作,因而要增加只有人类办得到的工作。

此外,现代社会还有商店街倒店潮、森林遭到破坏、近郊山区消失等问题,有许多人正在各地努力阻止这些问题的发生。我们没有发布企业社会责任报告书,取而代之的是建立网站介绍这些了不起的人们。

利用"打招呼""五分钟扫除"提升员工向心力

良品计划的中心"思想"虽是由堤清二先生及田中一光先生建立的,但这个思想没有标准答案,只存在着"对人有帮助"这个大战略。为了实现它,要有"愿景""目标";想达成它,则要有"点子""方法";而作为基石的则是"具有良心、质量、实践力的共同体"(图5)。良品计划就是这样的公司。

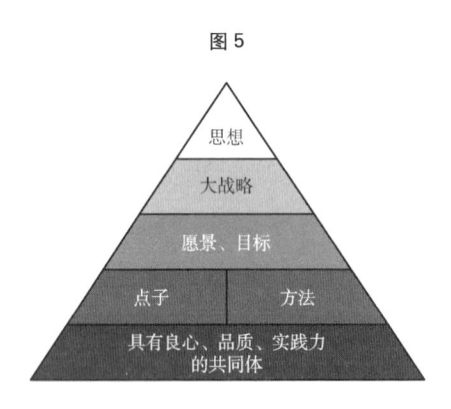

图 5

```
          思想
        大战略
       愿景、目标
      点子    方法
   具有良心、品质、实践力
        的共同体
```

ⓒ 良品计划

因此,公司的主角是能实现无印商品精神的店员(图6)。推广"良心与质量"的个人与组织必须时刻锻炼能力,为达成这个目标,会让员工针对"如何解决倒店潮""重建旧民宅"等议题提出想法,并实际去解决。为此,我们会让员工互相脑力激荡、与人连结,并学习各种事物。我们公司的员工不会只是办公室人员。

图 6

重视在门店的员工
全员实施
"良心与品质"的理念
让风土与结构全球化

——良品计划 中期经营计划(2017~2020年度)基本方针

ⓒ 良品计划

我觉得理想的公司就像小鱼群一样,并不是因接到谁的指示才去做,而是本能地跟着大家"现在向左""接下来向右",像这样一起行动。为达成这个目标,公司全员必须有共同的理念。我们拥有理解他人在想什么的自由社风,员工对展现才华的人不会嫉恨,反而会给他肥料让他成长。

具体的实践方式就是打招呼运动。每天早上,员工要轮流在电梯入口处打招呼。不仅要问候客人,与同事擦肩而过时也一定要打招呼。我们每年会针对门店打招呼的状况进行多次匿名调查,并公布每家门店的分数,所以完全不能大意。大家都非常认真地打招呼。

此外,员工每天得执行五分钟的扫除。每天都打扫的话,就会发现平常容易忽略的脏污,而自己带清洁剂来的员工更不在少数。厕所有时也会摆上花朵。

二〇三〇年无印良品将迎来创立五十周年,届时我们会成为怎样的公司呢?可能还是中小企业吧?"自然、当然、无印"的无印良品概念有着无限可能,这也是员工们经常讨论的话题。

【与巨人同行　金井政明问答录】

Q1　贵公司如何进行员工教育训练？此外，要怎么让计时人员也彻底理解经营理念？

金井　最初，我是将整合了自己想法的数据带到各门店去一一说明。现在，我将这命名为"高层行脚"，一年举办两次，由所有高级主管到全国主要都市进行，说明对象不仅包含正式员工，也包括其他临时雇员或计时人员。

Q2　我觉得贵公司的思想有反资本主义倾向，但营收仍非常高，原因是什么？有什么方法吗？

金井　净土真宗的名言是"有即是无、无即是有"，我们所做的是无作为的作为，或者说是非凡的凡。在营运和经济的世界虽然有各种理论，但我认为所谓的真实应该超越了这些东西，因此，我们也不太考虑潮流之类的。我们从"人类本来想过什么样的生活""与自然和动物要如何相处"出发，创造出"不能太便利""不要太舒服"的想法。这绝不是理论，但反而让现代人更感兴趣。

Q3　您认为有哪些公司跟贵公司有着相同理念，也做得很好呢？

金井　虽然不是公司，但我认为是史蒂夫·乔布斯。他会去想象对公司而言什么是必要的且永不妥协，是非常值得尊敬的人。

另外,我觉得亚马逊的"战略"及"创造力"也很优秀。

Q4　虽然无印良品坚守着创立时的哲学,但有没有过动摇的时刻呢？此外,在经营哲学的解释及实践之间应该有着很大的障碍,您是如何克服的呢？

金井　无印良品在 SAISON 集团里只是子公司中的子公司,所以常会因为总公司出的难题而欲哭无泪。在这种与旧体制的战斗中,员工反而更有向心力了,不太会有动摇的情况出现。

虽然能让员工清楚理解创业时的思想,但真能将其具体实践于商品或服务的人仍为少数,这只能靠教育训练了。

Q5　如何将社会贡献与业绩利润结合？

金井　"不要想着赚钱就能赚钱"。会想到无印良品上班的人,都是原本就喜欢无印良品的人。很可惜的是,他们能力不够,因此,公司给他们布置了"改良这座老旧民宅""重建这座小区大楼"这样的功课,他们就会努力学习,并不断成长。当员工成长之后,他们就能为许多需要帮助的地方贡献个人所知,这样就能一点一滴地将社会贡献与利润结合了。

Q6　我觉得用电商传递文化很难,这部分今后要如何执行呢？

金井　我们电商网站的最大目的是传达"店铺在做些什么",第二个是"互动沟通","电商"只是第三个目的。现在电商的业绩占百分之七。

Q7　您提到要给杰出人才"肥料","肥料"指的是什么?

金井　是指地位。有员工提出"我想做这些事",我就给他当部长;他策划了一些很有用的事业,我便给他一两年的时间观察成果。这段时间里,如果他做出一番成绩,并且持续发光发热,我就会将他升到更高的位置。

Q8　要如何维持公司内进行的打招呼运动及五分钟清扫?

金井　这只能靠一直反复地执行。一开始可能会有反对的声音,但就是要持之以恒。三年之后,大家发现"这样做我好像变快乐了",同时也变成自发性的了。减少加班也是这样做到的,当时也有员工抗议"我还有事情没做完就叫我回去,太莫名其妙了!"但现在就算上司要求下属加班,大家也是直接拒绝、准时回家。

Q9　您提到人要和产品链接,我却一直做不到,究竟要怎么执行才好,能否再讲清楚一点?

金井　日本的零售市场在一九九七年达到高峰,之后就算经营者靠减少卖场员工来维持卖场规模,也只能死守仅仅几个百分比的利润,但现在这也已经到达极限了。当社会成熟之后,物质就不匮乏了,光靠质量或价格等价值,零售业是无法撑下去的。那么,顾客需要的是什么呢?那就是能产生同感或信赖感,抑或"喜欢"这类的感受,而能实现这些的只有门店员工。

因此,我反而增加门店员工人数。极端一点来说,增加一点五倍的员工,就可获得两倍的利润。至于门店人员应该拥有什么技术，就让高层去想办法。

在这层意义上，菜市场可以说是典范。参观地方或国外的菜市场，会发现店面几乎没有摆饰，只陈列着新鲜商品，当地人也是穿着家居服来逛，这种感觉真的很好。

今后的零售业一方面可能朝亚马逊的方向前进，另一方面我觉得可能会走向菜市场的形态。

收录于二〇一七年二月二十五日　热海 *SEKAIE* 杂志

第四章

◎冈田阳介
工业革命 4.0 的关键技术
ABEJA 的 AI 技术如何改变零售流通业的发展

冈田阳介
Yosuke Okada

ABEJA株式会社　社长CEO兼CTO
一九八八年生于爱知县名古屋市。十岁开始学习程序设计。高中主修计算机绘图，并荣获文部科学大臣奖。大学时，在多场国际研讨会发表3D计算机绘图相关研究。二〇一一年，担任响株式会社CTO，负责开发服务等技术。之后，进入东京的新创公司，在六个月内晋升为最年轻的事业本部经理，之后三个月内便负责数亿日元的开发项目。接着，远赴硅谷研究最先进的计算机科学，见到了人工智能（尤其是"深度学习"）革命性的进化。回国后，成立日本第一家专门运用深度学习的新创公司ABEJA株式会社。

与大学教授共同研究,取得最高水平的成果

我是 ABEJA 株式会社的冈田阳介。

我十岁开始学习程序设计。高中主修计算机绘图,在全国高等学校设计选手大会中获得文部科学大臣奖。大学时曾创业但不顺利,之后进入东京的新创公司上班,在六个月内晋升为最年轻的事业本部经理,之后三个月内便负责数亿日元的开发项目。之后,依我的期望进入硅谷研究最先进的计算机科学,当时我见到了人工智能(尤其是"深度学习[Deep Learning]")革命性的进化,因此回国后迫不及待成立日本第一家专门运用深度学习的新创公司 ABEJA 株式会社。

我们公司的企业理念是"创新能改变世界",主要事业是活用深度学习的 AI(人工智能)并实际应用到社会上。诚如各位所知,美国以斯坦福大学为中心的社会创新生态系统已经成立了,而我的目标就是建构日本的社会创新生态系统。

ABEJA 的特色之一就是我们与大学间的共同研究体制十分完备。我们的最高技术顾问是东京大学及会津大学的名誉教授国井利泰,技术顾问则有名古屋大学研究所情报学研究科教

授安田孝美、公立函馆未来大学副理事长暨复杂系智能学科教授松原仁等,都是日本计算机科学相关领域的一流学者,因为有他们的支持,才能进行最高水平的研究。(图1)

图1

东京大学名誉教授 国井利泰	公立函馆未来大学教授 松原仁	名古屋大学教授 安田孝美	九州岛岛大学教授 谷口伦一郎
御茶水女子大学教授 伊藤贵之	中部大学教授 藤吉弘亘	北海道大学教授 川村秀宪	中部大学讲师 山下隆义

© ABEJA

我们公司的另一个特色是多元化,员工来自十个以上的国家(日本、美国、俄罗斯、中国、印度、孟加拉国、加拿大等)。我们公司并不是一开始就以多元化为前提,而是想创新就要召集必需的成员,自然就形成了多元的组织。股东结构也包含了产业革新机构和美国英伟达公司等,可说是我们独一无二的特色。(图2)

数字化已经启动"工业革命 4.0"

我们的创新重点有以下两点。

第一点是能以平台提供深度学习技术,在这方面成功的公司,全世界可能只有 ABEJA 一家。

图 2

- 产业革新机构株式会社
- Inspire Investment 株式会社
- PNB-INSPiRE Ethical Fund 1 投资事业有限责任组合
- NTT Investment Partners Fund 2 号投资事业有限责任组合
- 瑞穗成长支持投资事业有限责任组合
- Archetype Ventures Fund 投资事业有限责任组合
- 三菱 UFJ Capital 4 号投资事业有限责任组合
- Salesforce.com 株式会社
- Sakura Internet 株式会社

© ABEJA

另一点是将以深度学习技术为基础的软件套件系统以 SaaS(Software as a Service,软件即服务)的服务,提供给零售流通业、制造业、公共建设业等。

被称为"工业革命4.0"的第四次产业革命可以说已经在进行了(图3)。为什么说是产业革命？因为不只特定业界,所有

图 3

| 制造 | 零售 | 医疗 | 运输 | 金融 |

工业革命4.0

工业革命3.0

工业革命2.0

工业革命1.0

© ABEJA

第四章 工业革命4.0的关键技术

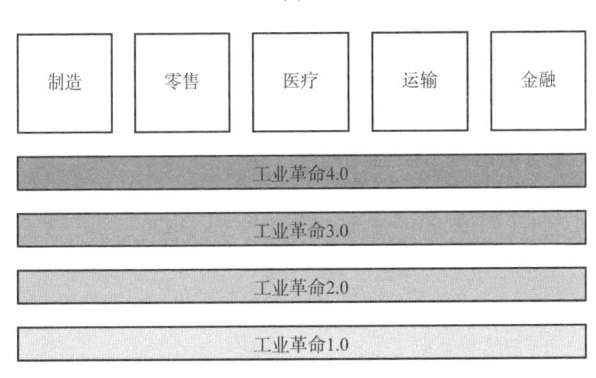

业界都开始切换到新形态的产业结构了。

同样在二十世纪后期开始的工业革命3.0,是以计算机渗透到各种产业,从而改变了产业构造和相关的生态系统。现在没有一个产业可以不用计算机来服务大众。

IoT、大数据、AI 将是所有产业的关键技术

我们认为在工业革命4.0中,IoT(物联网)、大数据及AI将会三位一体,成为所有产业的关键技术。

IoT 是 Internet of Things 的简称,日文的意思是"物品的网络"。

IoT 分为上行和下行两种(图4)。"上行的 IoT"是指由传感器获得及储存数据的状况。感应声音、图像、温度、湿度等现实世界的数据,再传到云端就是"上行的 IoT"。

另一方面,"下行的 IoT"是将上传到云端的数据利用深度

图 4

上行的IoT　　下行的IoT

© ABEJA

学习等 AI 技术处理后,再回馈到马达或致动器等现实世界。如此一来,在回家之前洗澡水就先热好,或空调先开好、调成舒适的室温等,都变得可能了。

在产业领域,也可侦测出工厂机械所装的传感器是否有异常,或自动停止机器、预测何时会故障等,是非常先进的技术。

设备、数据储存低价化造成的剧烈影响

IoT 的设备数量急速增加,在二〇一七年时,全球有三百亿到四百亿台 IoT 设备(图5)。数量之所以会大幅增加,最大原因在于设备低价化。二〇一五年,英国树莓派基金会(Raspberry Pi Foundation)发布的单板计算机"树莓派 Zero"竟只要五美元。

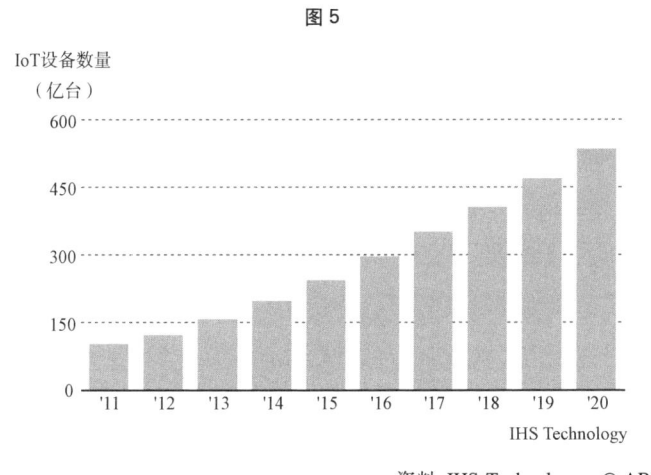

图 5

IoT设备数量
(亿台)

资料:IHS Technology　© ABEJA

其次是大数据。IoT 能轻松传送庞大的数据。人类就算再怎么快速敲打键盘,一秒顶多打出十个字吧？然而,IoT 一秒却可传送一百次数据。结果,资料量越来越多,因而生成了过去无法匹敌的大数据。

具体来说,在二〇一三年上传到全球云端的资料量总共有四点四 ZB（Zettabyte）。Byte 是信息的计量单位,以 KB→MB→GB→TB→PB→EB→ZB 的顺序,容量以千倍增加。顺带一提,四点四 ZB 若以 GB 表示,则如图 6。

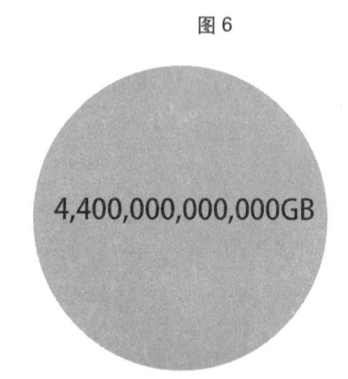

图 6

4,400,000,000,000GB

The Digital Universe of Opportunities: Rich Data and the Increasing Value of the Internet of Things, https://www.emc.com/collateral/analyst-reports/idc-digital-universe-2014.pdf, April 2014

© ABEJA

到了二〇二〇年,预测更会膨胀到十倍,变成四十四 ZB。（图 7）

不久之前,想储存数据所费不赀,现在价格却越来越便宜。AWS（Amazon Web Service,亚马逊云科技）提供的服务器从 1TB 到 1GB 是每个月零点零三美元,也就是说,想要将 1GB 的

图 7

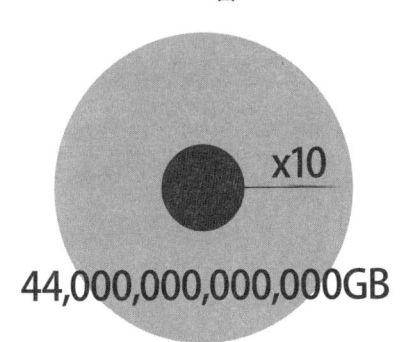

x10

44,000,000,000,000GB

The Digital Universe of Opportunities: Rich Data and the Increasing Value of the Internet of Things,
https://www.emc.com/collateral/analyst-reports/idc-digital-universe-2014.pdf,
April 2014

© ABEJA

数据安全储存在云端服务器上,每个月只要花三四日元。因此完全不必担心费用问题,就能将上传资料全部存到云端。

上行的 IoT 将各种数据无限制地传到云端,而且这些数据可透过 API(Application Programming Interface,应用程序接口)跟其他系统联动,如此一来,数据的价值就会立刻提升(图 8)。这些大数据十分庞大,由人类一个个去确认是不可能的,因此,代替人类执行的 AI 就成了现在注目的焦点。

第三次 AI 热潮的主角是"深度学习"

至今共发生过两次 AI 热潮,第一次是在一九五〇至一九六〇年代,第二次在一九八〇年代,而现在正处于第三次 AI 热潮的最高峰。但老实说,第一次和第二次热潮中的 AI 水平连堪用

图8

现有资料 ←API→ 大数据 ←API→ 现有资料

上行的IoT ↑↓ 下行的IoT

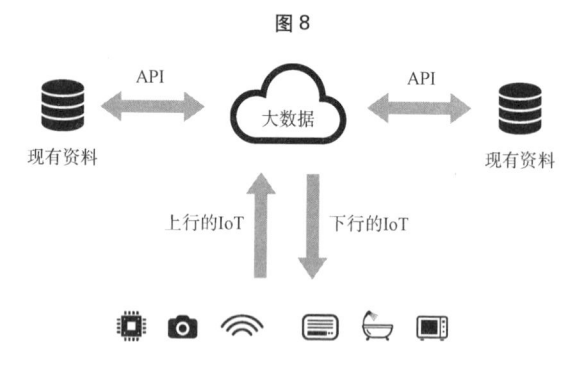

© ABEJA

都说不上,因为还无法带入人类凭感觉执行的处理能力。

研究人工智能时必须克服的难关之一是所谓的"框架问题"。命令装载AI的机器人一号去装有计时炸弹的洞窟里取出电池,虽然成功取出了电池,但一号机没注意到电池上有炸弹,结果在出洞窟之后炸弹就爆炸了。

接着,为了让机器人二号能顺利执行目标,便写了能处理附加状况的程序。然而,二号机走到电池前时,因为开始考虑"移动电池后是否产生了声音""接近炸弹时墙壁颜色是否产生变化"等各种附加状况,还在不断计算时,炸弹就爆炸了。

在检讨后重新开发的机器人三号,加上了无视执行目的之外的事物的机能。结果三号机完全不动,最后炸弹还是爆炸了。这是因为跟目的无关的事项无限多,所以计算的时间也变得无限长了。

这个问题在第一次、第二次AI热潮时仍无法克服,但在第三次AI热潮中就能借由深度学习的技术来避免。

原本人工智能（Artificial Intelligence）这个词是在一九五六年出现的，之后，专家系统（Expert System）引起第二次AI热潮。接着，机器学习（Machine Learning）领域开始大幅发展。如今在第三次热潮中担任主角的则是深度学习（Deep Learning）。（图9）

图9

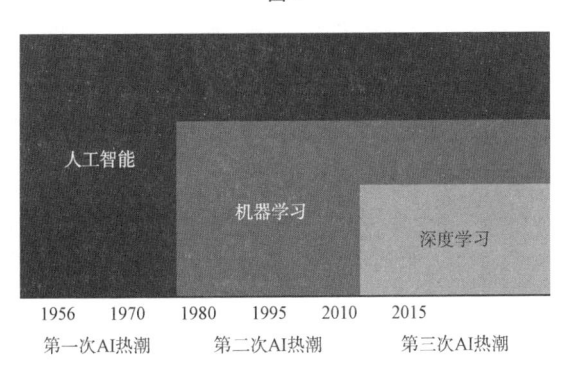

人工智能
机器学习
深度学习

1956　1970　　1980　　1995　　2010　　2015
第一次AI热潮　　第二次AI热潮　　　第三次AI热潮

© ABEJA

"机器学习"及"深度学习"的关系

作为前提的是，深度学习是机器学习的一部分。我用SVM（Support Vector Machine）这种一般使用在机器学习上的方法，以狗和猫的照片来说明（这里的机器学习是指SVM）。

请见图10，左边一组是狗，右边一组是猫，两者的差别应该连三岁小朋友都知道。为什么大家能理解左边是狗、右边是猫呢？当然，我们可以从生物学上的差异这种逻辑来分别，但三岁小朋友可不懂这种方式，他们一定是从感觉来判断的。

图 10

图 11

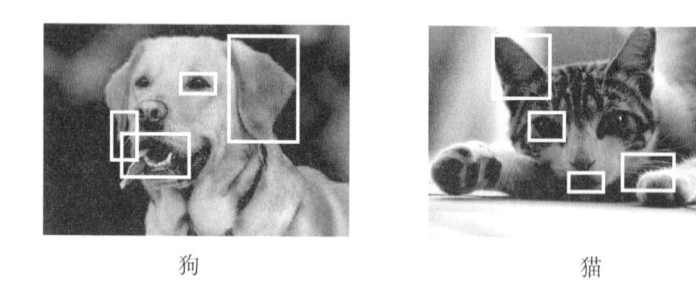

狗　　　　　　　　　　猫

© ABEJA

另一方面，计算机基本上只能用逻辑来判断，想要它和三岁小朋友做同样的事，就需要制造逻辑。

因此，比较猫和狗的照片之后，就成立了一种假说，那就是它们的眼睛、鼻子、嘴巴和胡子是不同的。（图 11）

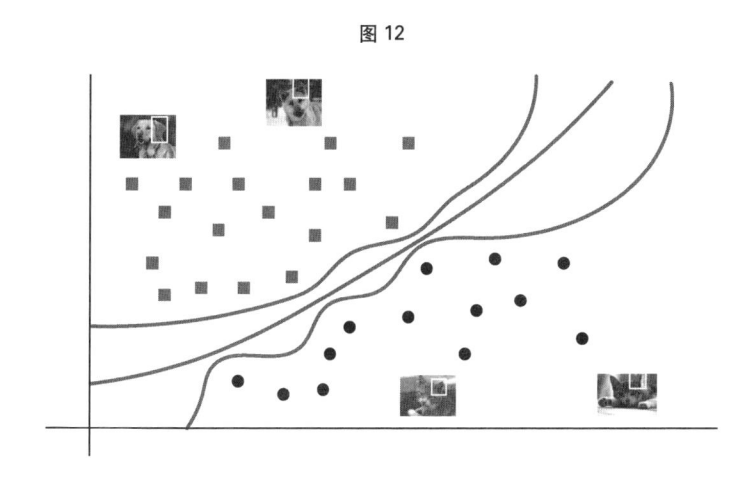

图 12

© ABEJA

我们就先锁定耳朵为目标，将耳朵的特征数据化并放到坐标上。接着就能很清楚地看到左上是狗的群组、右下是猫的群组（图 12），那么有关耳朵的部分，可用线划分出猫和狗的假说就成立了。

模仿人类神经网络的深度学习让 AI 再次进化

然而，像这样用划线来分类要归到哪个群组时，一定会出现无法明确界定的微妙情况，图 13 中间偏右上的"三角形"就是一例。不止耳朵，胡子和嘴巴也会出现同样问题，一定会发生耳

图 13

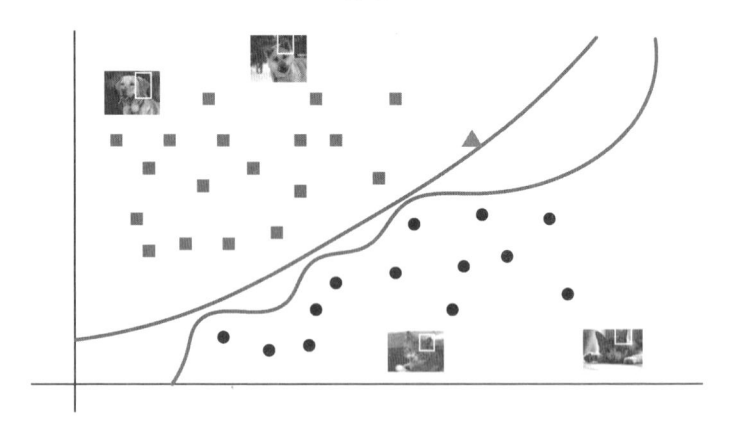

© ABEJA

朵是狗、但鼻子是猫的情况。

因此，我们这次把"鼻子和耳朵要以耳朵为优先"的逻辑一个个写到程序里。如果只有猫和狗，那还容易处理，但若加入狮子或老虎等种类，就不可能写出所有分类的程序。这种"线要划分到哪里"是 AI 最重要的课题。

还有例外处理的问题。

以图 13 右下的图片来说，如果是人类，就能马上判断是猫，但计算机以眼睛或胡子的特征来分类时，却无法判断是猫。此外，人类一看就知道不是猫的生物，计算机也很可能会分类成猫。为避免这种问题，虽然我们可设定成"如果是用两只脚走路的就不是猫"这种例外处理，但若要像这样一个个分别告知计算机，很明显是处理不完的。

因此，机器学习有它的极限，想让 AI 再进化，只能朝完全不同的方向研究了。

随之诞生的方法就是深度学习。

深度学习的基础就是让计算机去模仿人类突触线路的神经网络。

制作像抽签一样容易中奖的方式

深度学习利用深度卷积神经网络（Deep Convolutional Neural Network）大大提升了图像辨识、声音辨识的预测准确度（图14）。我们用刚刚提到的猫狗分类问题来简单说明。

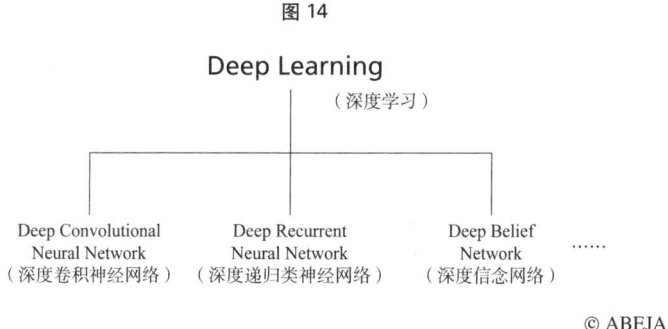

图 14

Deep Learning
（深度学习）

Deep Convolutional Neural Network
（深度卷积神经网络）

Deep Recurrent Neural Network
（深度递归类神经网络）

Deep Belief Network
（深度信念网络）

……

© ABEJA

跟刚刚左边是狗、右边是猫的图片（图15）一样，机器学习的方式是人先将耳鼻的特征抓出来，但神经网络不这样做。

神经网络在左边的输入层传入图片，在右边的输出层安排了结果（图16）。输入狗的照片之后，只要输出为狗就是对的；如果输入狗，但输出却是猫的话，一定是哪里出了问题，这时就会用"反向传播法"（Back Propagation）来寻找错误之处，为了将它导向正确方向，会调整参数改变图片，再执行很多次。只执行几次是无法准确的，如果执行一百万次，虽然内部是什么仍不清楚，但准确度就会提高许多。深度学习的方法就像制作非常容易中奖的抽签游戏（只是比喻）。

图 15

© ABEJA

图 16

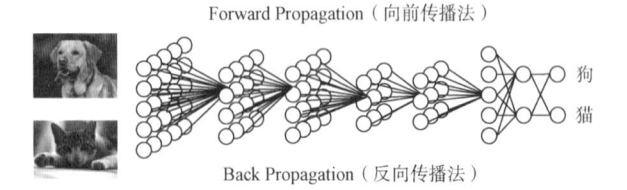

Forward Propagation（向前传播法）

Back Propagation（反向传播法）

狗
猫

© ABEJA

只不过，当准确度达到百分之七十至百分之八十时，就再也升不上去了。人类就像图17，在有非常多噪点的状态下，仍能分辨狗和猫，但计算机没办法这样。

图 17

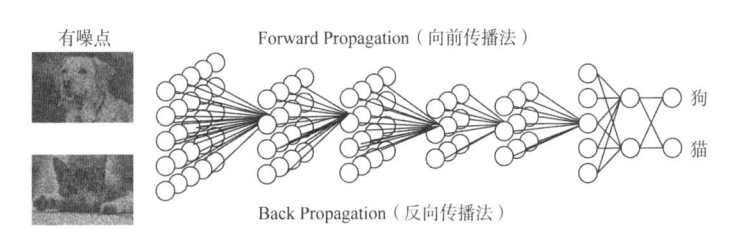

有噪点

Forward Propagation（向前传播法）

狗
猫

Back Propagation（反向传播法）

© ABEJA

这个问题我用上司和五个部下的例子来说明。在五个部下里，有一个人鹤立鸡群非常优秀，其他部下则经常犯错或失误，只有他的意见永远一针见血，因此上司只会听这个优秀部下的话，而无视其他四个部下的发言。神经网络也一样，当一个信息压倒性正确时，就会无条件相信它并作出答案，如此一来，当这个信息因为噪点而缺损时，准确度就会瞬间消失。

如同黑匣子的特征隐藏着危险

为了提升准确度，我们会使用一种叫 Dropout 的方法。在学习的时候，每一次都会随机去除百分之五十的信息。这可以想象成如果有五个部下，就会故意只放两个人的信息，如此一来，就算只有少量信息，也可执行最佳定义，产生强健（坚固、强韧)的神经网络。

这就是神经网络的内在。越往左,像素越小,越往右,抽象概念就越多。由于判断的逻辑不明,我们也不清楚为何会这样。深度学习有着这种像完整的黑匣子的特征。

但是,在自动驾驶上,这种像黑匣子的特色可能会造成具危险性的问题。自动驾驶的车子造成人身伤害时,由于不知为何无法判别实际的人是人类,所以责任归属很模糊。

重复数百万次这样的学习之后,就会形成深度卷积神经网络的学习完成模式,输入狗的图片后,就会反应出狗的神经元;输入猫的图片,就会反应出猫的神经元。

GPU的出现让深度学习大幅进步

过去的机器学习,是人类看了图像之后,建立猫和狗哪里不同的假说,在相应的维度配置假说,划出区隔狗和猫的线;而深度学习则是让计算机自动学习狗和猫的特征,这是最大的突破之处。(图18)

深度学习开始受注目是在二〇〇八年到二〇〇九年,但最原始的技术则诞生于一九八〇年代的日本。现在任职于模糊理论研究所的特别研究员福岛邦彦先生,当时在大阪大学所研究的"新认知机(有关视觉模式认知的阶层式神经网络)",正是刚才所说的深层学习的基本原理。(图19)

但是,因为计算机的系统资源不足,当时很可惜并没有获得成功。由于神经网络的形成需要数百万次的讯号往返,因此需

图 18

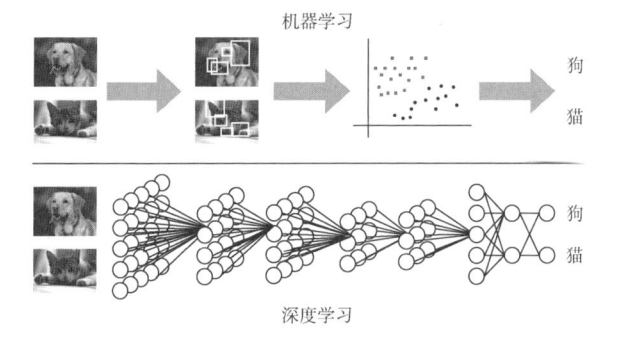

机器学习

深度学习

© ABEJA

图 19

（福岛邦彦）
Kunihiko Fukushima

（新认知机）
Neocognitron

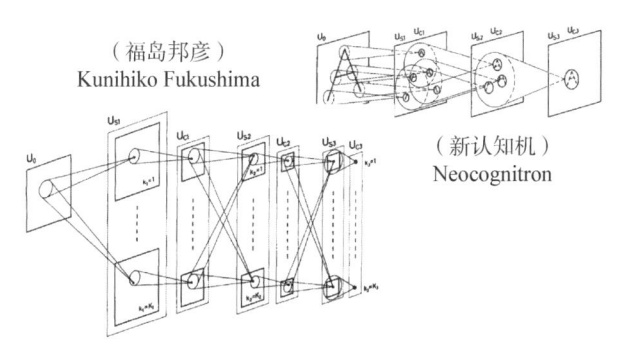

资料：K. Fukushima. Neocognitron：A self-organizing neural network model for a machine of pattern recognition unaffected by shift in position. Biological Cybernetics，36(4)：93-202，1980.© ABEJA

要庞大的系统资源来加以计算，但以当时的系统资源来说，要完成这样的计算少说也要花上一百年，因此计划也宣告失败。

然而，近年来技术大幅进步，特别是随着取代 CPU 的 GPU（Graphics Processing Unit，图形处理器）出现之后，计算速度突飞猛进。

深度学习已能超越人类辨识的准确度

在深度学习上需要计算的时候,如果使用的 CPU 不是一般大众用的个人计算机型 CPU,而是性能更加优越的 CPU,须花费一百四十四小时;但若使用的是 GPU 的话,仅需要十小时(使用 Tesla M40)。在一九八〇年代永远做不完的事,现在只要在下班时按下开关,隔天上班就可以完成了。

这种剧烈变化透过每年由斯坦福大学主办的 ILSVRC (ImageNet Large Scale Visual Recognition Challenge)图像辨识大赛而让全球都知晓了。

ILSVRC 较量的是在图像上加标记的正确率,以图 20 为例,如果是"Person""Person""Person""Dog"的话,正确率就是百分之百,错误率是零。这个比赛从二〇〇八年开始每年举办一次,二〇一一年错误率在百分之二十六至百分之二十七的话可进入优胜组,但因为错误率是每四次会错一次,所以十分危险,不能应用在商业上。

到了二〇一二年,多伦多大学杰弗里·辛顿教授率领的超级视野队使用了深度学习技术后,错误率降到百分之十六点四,跟前年比一口气下降了百分之十以上,让研究机器学习的学者非常震惊。

之后准确度年年攀升,二〇一六年的错误率竟然只有百分之二点九九,这个数字比人类的图像辨识错误率还低。(图 21)

图 20

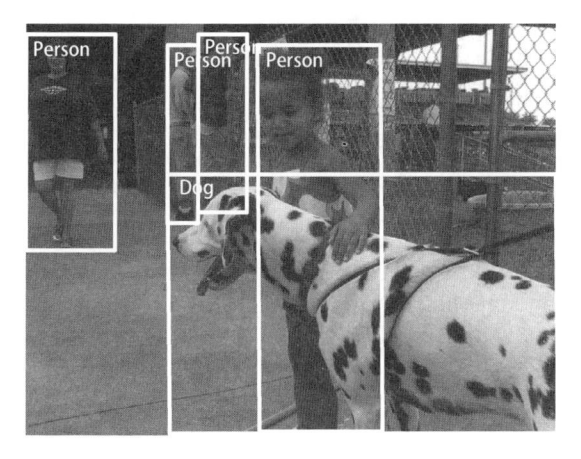

© ABEJA

图 21

	错误率
Imagenet 2010 winner（not DCNN）	28.2%
Imagenet 2011 winner（not DCNN）	25.8%
Imagenet 2012 winner（AlexNet）	16.4%（Krizhesvky et al.）
Imagenet 2013 winner	11.7%（Zeiler/Clarifai）
Imagenet 2014 winner（GoogLeNet）	6.7%
Baidu Arxiv paper:2015/1/3	6.0%
Human: Andrej Karpathy	5.1%
MS Research Arxiv paper: 2015/2/6	4.9%
Google Arxiv paper: 2015/3/2	4.8%
Imagenet 2015 winner（ResNet）	3.57%
Imagenet 2016 winner（Trimps-Soushen）	2.99%

© ABEJA

掌握深度学习技术，马上在硅谷变抢手

很快就看出 AI 可能性的硅谷巨人们，在自家公司中被视为深度学习的研究者。

多伦多大学教授杰弗里·辛顿现在也为 Google 效力，他利用 CPU 和 GPU，将深度学习准确度提升到实用程度。Facebook 的杨立昆曾在辛顿的研究室当过博士研究员。

二〇一三年起，硅谷的深度学习新创公司开始打合并战。

二〇一三年一月，Google 买下的 DNNresearch，是杰弗里·辛顿和他的研究室学生成立的公司。那时，DNNresearch 虽然还没有任何成绩，但因为辛顿是深度学习研究者，Google 决定买下他的公司，也就是并购（Acquiring，由收购 Acquisition 和聘用 Hiring 组成的词，指为得到人才而进行企业收购）。

最近 Google 翻译的准确度大幅提升，也是因为翻译的逻辑基础从机器学习转移到深度学习的缘故。

打败世界围棋冠军的 AlphaGo（"阿尔法狗"）

有一种电视机游戏叫"敲砖头"，我们让计算机来执行这个游戏，并命令计算机"要用最短时间得到最高分"，但不要说做法了，连最重要的移动棒子方式都不告知。如此一来，计算机就会随机数移动棒子，去学习如何才能提高分数，这种方式叫作"强化学习"。

在反复进行六百次之后,叠着砖头的那端开了一个孔,计算机会发现从该处上方投下球能最快提高分数。也就是说,计算机在执行六百次之后就能获胜了。

围棋软件 AlphaGo 也是应用这种方法。靠围棋得分系统的深度学习和强化学习,AlphaGo 变得越来越聪明,甚至赢过世界冠军。因为围棋或象棋想要计算全部赢面的话,数据会非常庞大,所以那些名人只看得见棋盘表面能得分的一小部分。深度学习基本上采取同样做法的话,就能找出最佳的制胜方式。

深度学习真的是"万能魔术箱"吗

目前,深度学习最常使用于图像辨识。今后五六年内,在自动驾驶、农业自动化、物流最后流程、机器人等领域也一定能达到实用程度。

一般而言,上行 IoT 将进来的数据存在云端,运用这些数据让 AI 自行学习且变聪明的方式之后也会持续下去。(图 22)

现在深度学习被称为"万能的魔术箱",但这不是我所乐见的。因为在网络模型生成的阶段会有非常多错误,而学习过程是否顺利也没人知道。需要多少数据才能成功仍未有定见,只能在构筑模型之后才能求证,所以,它绝对不是魔术箱。在实际安装时要怎么做才能完善地适应,是这一技术领域最困难的一点。

此外,就算先让它学习以适应工厂生产线等系统,但只要没有持续地再学习,模型和实际安装就会产生误差、变得过时。再

图 22

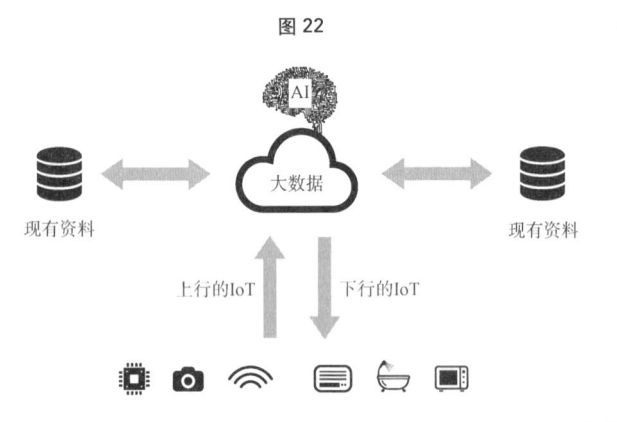

© ABEJA

者,由于必须大量链接 IoT 系统,因而会产生巨额费用,这也是一大问题。与其说这是深度学习的技术问题,倒不如说问题在于如何有效活用深度学习技术。

另一方面,企业期盼的是经营成长,而不是渴求深度学习,这也是现在的问题点。

适用深度学习的产业——零售流通业

我是在二○一二年一月与深度学习相遇的。之后,我开始在自家公司进行深度学习相关的 AI、图像辨识技术的研究开发,并在二○一二年九月成立日本第一家专门运用深度学习技术的公司 ABEJA。在跟各业界进行概念验证(PoC, Proof of Concept)时,了解到这技术在哪些业界能良好地运用,哪些则不行。

二〇一三年十月开始,我决定将重点摆在零售流通业,开始开发可活用深度学习的平台技术且更进化的"ABEJA Platform"。

二〇一五年六月,我们开始将此系统试验性地导入三越伊势丹控股,并于同年十月将这个技术套件化,公开了全球第一个适用深度学习、提供给零售流通业使用的 SaaS 产品"ABEJA Insight for Retail"。

二〇一六年五月,导入 SaaS 的店家数突破一百家,现在已超过四百家了。同年六月与大金工业合作,将"ABEJA Platform"导入制造业,同年十一月更将"ABEJA Platform"的技术公开,开始了伙伴生态系统。(图23)

这种将大数据和 AI 相连接的工作,就是我们公司的任务,这样想象会比较容易懂。

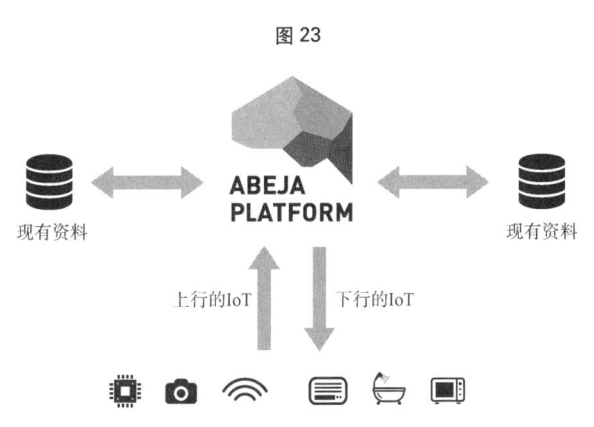

图 23

© ABEJA

将 AI 装设在边缘设备和云端的优缺点

AI 有着边缘设备（Edge）对抗云端（Cloud）的问题（图 24）。大家对于 AI 要放在设备上还是云端上，意见一直都有分歧。

图 24

Cloud	Edge
集中配置服务器 在云端执行处理	在使用者周围分散配置服务器 在边缘设备上执行处理
实际反应速度慢（1s/order）	实际反应速度快（0.01s/order）
应变能力强 ＝ 多用途 (可在云端上假想各种问题)	应变能力弱 ＝ 只能用于自动驾驶或自动拣货
成本低（包含维护）	成本高
能统一控制	错误处理较难

© ABEJA

要是把 AI 放在云端的数据中心，由于会开始通讯，所以实际的反应速度会变慢，产生大概一秒左右的延迟。然而，因为计算机可以并联放置，对冲击的应变能力很强，就算是大容量的计算也做得到。此外，由于能够统一控制，包含维护在内的成本也能降低，就算计算机死机，也有其他计算机马上代替启动，错误处理也很容易。

相对地，如果将服务器分散放置在用户周围的边缘设备上，优点是实际速度可快到 0.01 秒,但由于应变能力低,只能运用在自动驾驶或自动拣货上。再者,为了预防故障,必须准备多台计算机,这也会提高成本。当故障发生时,因无法马上判别是 GPU 还是控制它的 CPU,或是网络本身的问题,所以错误处理比较困难,这也是它的缺点之一。

由于边缘设备和云端各有其优缺点,能掌握并良好运用这些特性就显得相当重要。顺带一提,我们的 ABEJA Platform 能够让云端和边缘设备协调运作。

数据越来越多且大数据化,深度学习才有意义

再详细说明一下 ABEJA Platform 的结构,最下端的处理器是 GPU 或 CPU,上面则是"基础设施即服务"(IaaS, Infrastructure as a Service),如亚马逊或谷歌的服务器,更上面则装上我们的 ABEJA Platform 技术(图 25),也就是"平台即服

图 25

○○SaaS	○○SaaS	API on API	System
API			
PaaS			
IaaS			

© ABEJA

务"(PaaS, Platform as a Service)的提供(图 26)。

大体而言,数据可分成下列两种:结构化数据(Structure)和非结构化数据(Unstructure)(图 27)。前者在会计数据或贩卖、库存数据上可作为数据库的管理数据,后者则是除此之外的网络内容、音乐、图像、动画等。

图 26

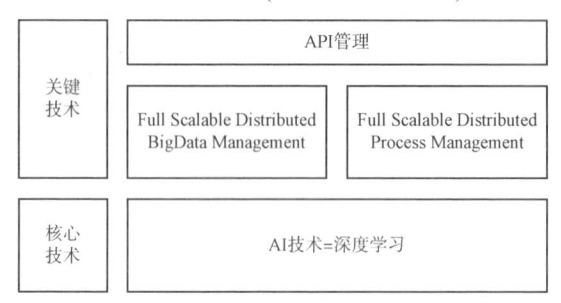

PaaS(Platform as a service)

关键技术	API管理	
	Full Scalable Distributed BigData Management	Full Scalable Distributed Process Management
核心技术	AI技术=深度学习	

© ABEJA

图 27

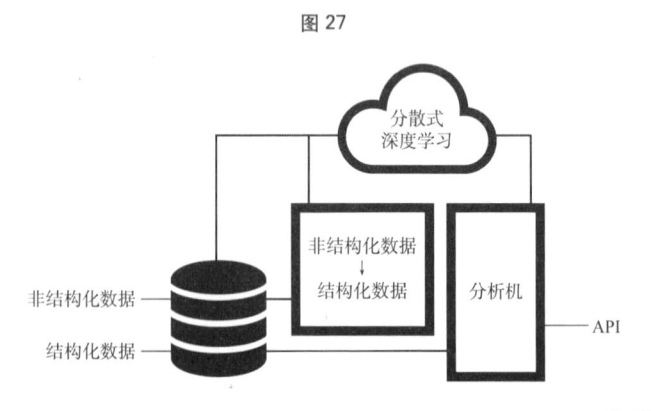

© ABEJA

过去的系统整合必须一个个输入这些项目,但 ABEJA Platform 不需要这样操作。就算是非结构化数据也可存入,在云端上分散学习。在一个 GPU 上计算要花十小时,但将 GPU 横向分散并列之后,同样的计算只要五分钟就能解决了,这是 ABEJA Platform 的一大特征。

我们的服务器有一部分是自家公司拥有,再和向亚马逊、谷歌等借来的服务器组合而成。只要在一小时内借一百万台,就可有效率地学习超大量的数据,等到系统变聪明之后,再移到实际的执行基盘上,将任意数据输入这个网络,再把输出结果和从 ERP(企业资源计划系统)或 CRM(客户关系管理系统)等取得的数据统整,最后得出的结果会以符合 API 的方式提出。

"ABEJA Platform"适用于各种产业,比方说,能在制造业中发挥预知故障的功能。当生产线发生故障时,在修复之前,生产线一定是停摆的,加入这个系统后,就会事前告知"这个部分好像要坏掉了",只要提前换掉故障的部分,就可在最短时间内重新开启生产线。

ABEJA Platform 就是这样活用深度学习来执行各种事情,最近更是积极地推进公开化。以深度学习而言,如果数据增加后却不能大数据化,就失去意义了。只有我们一家公司在努力的话,收集到的数据还是少量,因此才与其他拥有数据、设备或技术的公司合作,朝着打造生态系统的方向前进。(图 28)

我在这里举几个代表性的合作企业。(图 29)

图 28　ABEJA Platform 合作企业生态系统

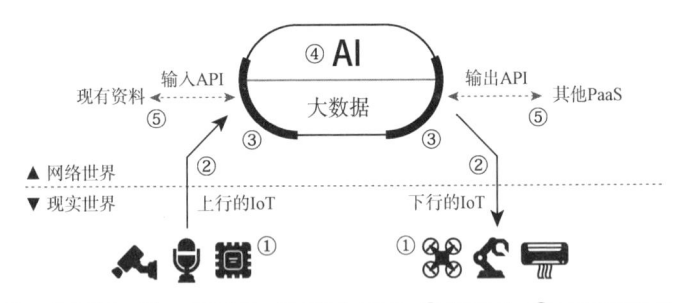

④ AI
大数据

现有资料 ←输入API　　输出API→ 其他PaaS
⑤　　　　　　　　　　⑤
③　　　　　　　　　③
▲ 网络世界
② ② ②
▼ 现实世界
上行的IoT　　　　　下行的IoT
①　　　　　　　　①

① IoT设备伙伴　② IoT网络伙伴　③ 系统整合伙伴　④ 咨询伙伴　⑤ API经济体伙伴

© ABEJA

图 29　合作企业

WingArcISI	uhuru	TECHORUS	OMRON
KONICA MINOLTA	SAKURA Internet	SIGMAXYZ	スマレジ
salesforce	Sojitz Systems	SORACOM	データフォーシーズ
TOSHIBA	Transaction	nico	niscom
L Data Storage	FIRST	Plat' Home	BELSYSTEM24
三井住友海上	MONSTARLAB	locarise	

© ABEJA

随着深度学习普及，对工程师的需求大增

随着深度学习的应用日益普及，工程师的数量完全不够，该如何改善现状，可说是国家的课题。

首先，要从哪个设备存入什么数据这种事一定要做好管理，

122　未来消费新形态

今后也会需要大规模的传输架构管理。我们让模型接收大量数据进行学习，但不可能一次就成功，所以得尝试数次，这样在版本上也要做好管理。在正式使用时适用的软件部署及记录的收集，当以 API 形式输入时，如果没有设备控制器和输出系统，就无法使用，因此，在每个环节都需要相当多的工程师。

现在我们公开化的"ABEJA Platform"是以付费方式提供，以平台开展业务是我们的经营模式。

在一些业界里，必须让业界在尚未意识到深度学习时就先适应，而这就是专为产业设计的 B to B SaaS。

从电商转实体、改变零售概念的"Amazon Go"

各产业一定有可使用深度学习的案例可供分析，其中我们很看重且已在运用的就是零售业。（图 30）

图 30

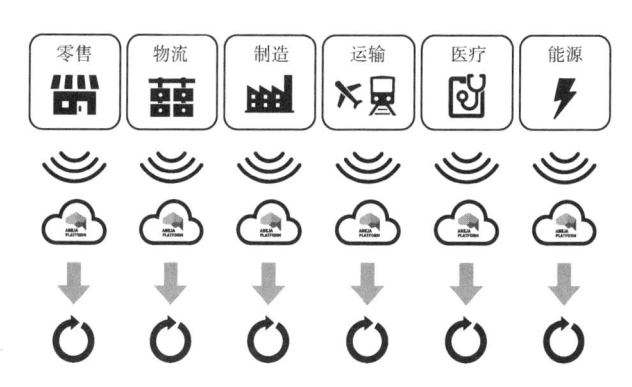

© ABEJA

零售业媒合需求及供给两端,但随着电商登场,现在市场的主角明显是需求端。

另一个特征是消费者的需求从购物转为体验。以车子为例,就是从拥有及移动到各处转为消费者本质上的需求。因此,今后能满足这些需求并提供各种服务的公司会进入市场,或者说丰田或本田等制造业今后也将加入服务业市场吧。

在这股潮流中,我们最在意的是 Amazon Go。Amazon Go 原本是电商,后来转为实体店面,另一方面,实体店面转为电商的却越来越多。我认为 ABEJA 结合了这两者的要素。

当客人进入店内的瞬间,网络摄像机就开始收集数据。每一个产品都会加上标记,当客人伸出手时,上方的摄像机就开始录像,并运用深度学习来辨识。

类似 Amazon Go 的店铺一定会陆续增多,如此一来,消费者和商品的首次接触机会也势必增加。对于这种未来的消费者,我们称为"新世代消费者"。

活用 AI,就能轻松又便宜地改善店铺营运

今后生产劳动人数会减少,在零售、物流领域,我们能做些什么呢?(图 31)我认为解决方案之一是活用 AI,将日本优秀的营运方式具体化之后,输出到美国或欧洲。不只是待客精神,日本在分店经营上的水平应该也是世界第一,只要能够让 AI 大量学习并自动化,一定就能在全球化中脱颖而出。

以下说明的 ABEJA Insight for Retail 就是实现以上想法的

图 31 工作年龄人口

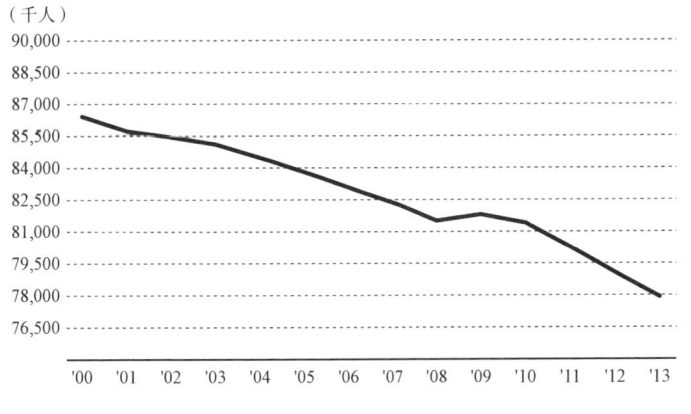

(千人)

资料：总务省统计局国税调查资料　© ABEJA

系统。

"ABEJA Insight 是一种店内分析服务，它活用 AI 且利用世界上各种数据或新取得的数据来产生新价值。你是否想提升店铺业绩却一筹莫展？或者想重新规划动线好让顾客轻松购物等，正为了店铺经营烦恼不已呢？ABEJA Insight 可解决这些问题。在实体店面一次做到各种资料的获取、解析及可视化，让任何人都能轻松客观地依据资料改善店铺营运。

"店铺内会设置摄像机，仅靠这点就能获得过去无法取得的资料。在计数方面，会运用入口的摄像机计算来店人数；在人口统计方面，可解析来店者的年龄跟性别；在行为方面，可解析来店者的停留及动态状况。将这些新取得的数据与世界上其他各种数据组合分析之后，就会产生新的价值。

"掌握不同时段的购买率来强化服务或安排班表，对降低

第四章　工业革命 4.0 的关键技术　　125

成本很有帮助；以宣传目标和实际来店者属性作效果检证，就能执行最合适的宣传方案；掌握该店的动态状况、停留状况，就能提高客人更替率以提升业绩。

"初期费用是零元，之后每月只需数万日元。利用 ABEJA Insight 让各种数据更加一目了然。活用数据就是这么轻松简单，要不要现在就开始利用 ABEJA Insight 改善你的店铺呢？"

若是零售业，只要顾客通过收款机付款，就能取得购买信息，但如果想知道顾客何时进到店里及停留时的行为，以做出最佳的库存管理和班表，只靠收款机几乎不可能做到。因此，将店内传感器取得的数据或电子报表、供应链、产品数据及收银数据等全部整合，从中取得各种信息，是最快的方式（图32）。

图32 能整合所有资料

班表　信件管理　　物流　产品　收银机　网络监控摄像机

安全　地理信息　ABEJA摄像头　支付　媒体　Wifi　天气

© ABEJA

深度学习最擅长与图像相关的数据分析,可把来店者的属性或动态具象化。此外,将时间序列转成图像,再以此为基础进行预测,可预知明天的来店状况,还能跟实况数据比较,找出哪里有问题;也可跟营销自动化联动,自动发送折价券,调整出最适当的库存及班表。

我们提供的这些服务全是以云端为基础的。

动线、宣传、服务都有数据库帮你决定

图 33 是提供给店铺负责人使用的数据界面。由游戏设计师设计,虽然是 B to B,但 B to C 也适用,是很容易操作的端口。

图 33

© ABEJA

只要看了这个界面,就算人在总公司,也能马上知悉店面的状况,这项服务在连锁店家中有着非常高的评价。

还有提供给客人用的数据界面,也有总公司和分店的实时聊天功能,这些全都能在苹果手机 App 上实现。(图 34)

图 34

© ABEJA

因此,利用背后的 AI,不仅可以取得数据,还可制造全新的体验,这就是我们的强项。

现在已有七十家公司、共四百八十间店铺导入 ABEJA Insight for Retail。

例如大卖场里的汽车销售门店。将顾客的动向转成数据之后,就知道有很多地方没有人流(图 35)。沿着人流量更改动线之后,展示中的六辆车有三辆在一周之内就卖掉了。(图 36)

图 35

停留

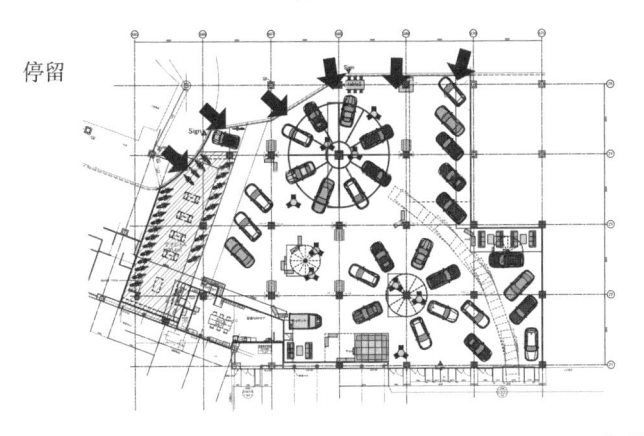

© ABEJA

图 36

动态

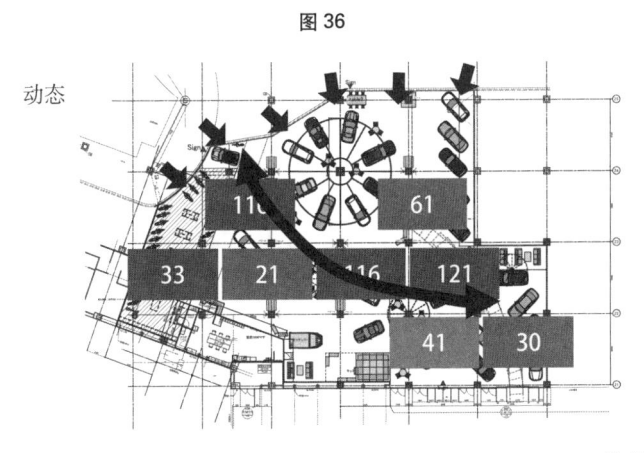

© ABEJA

此外，同样将顾客停留的重点数据化后，会发现把跑车摆在入口处，几乎没有人会驻足观看。观察到此结果而换成轻型汽车之后，客人的停留率就大幅提升了。

第四章 工业革命4.0的关键技术 129

观察经过收款机的交易数和转换率，就能清楚知道购买者是十人中的两人，还是一百人中的两人（图37）。如果是前者，就能在宣传上再砸一些经费；若是后者，就得检讨是不是员工的待客方式出了问题。这些也都能从深度学习数据库中获得。

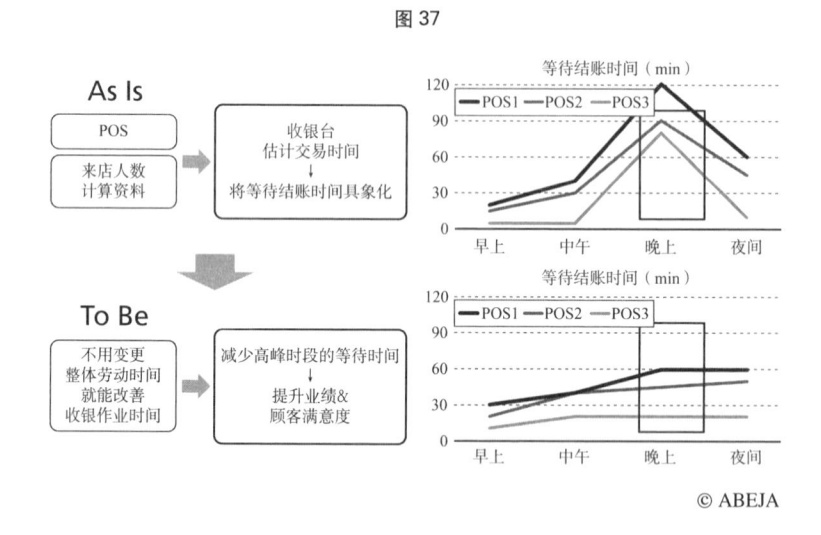

图37

不是用 AI 实现无人化，而是提升人力运用

从转换率、来店人数和交易三个指标就可得知很多信息。（图38）

• 中午的停留数大幅降低的原因，在于明明是来店人数很多的时间段，却因店员在休息而无法招呼客人，针对这种情况，只要把店员的休息时间错开，就可提高营业额了。

图 38

转换率

来店人数

交易

09:00AM 10:00AM 11:00AM 12:00PM 01:00PM 02:00PM 03:00PM 04:00PM 05:00PM 06:00PM

© ABEJA

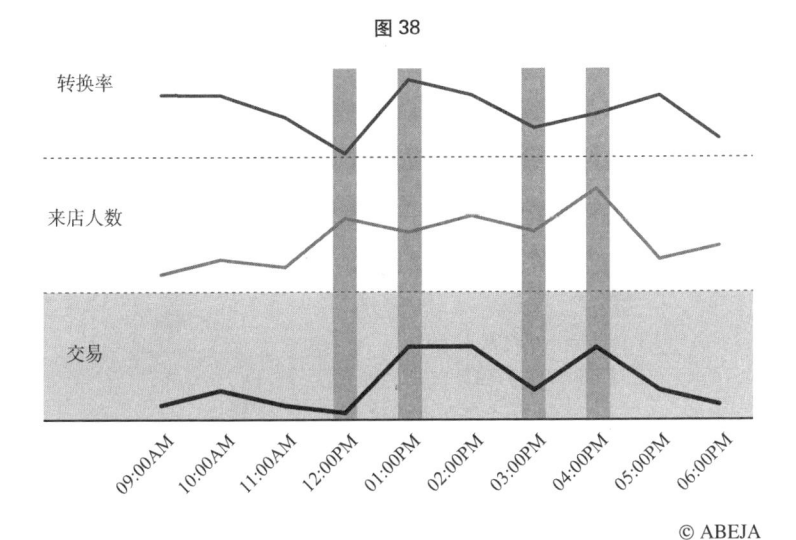

- 实行会员优惠后交易数增长。
- 店长不在时，接待客人的效率就会低落。
- 来店人数继续增加的话，达到极限点后就会有反向效果。

使用人工智能，就可以做到这么多事，然而，光靠 AI 的话，零售业是无法成立的吧。AI 能够做到的，是过去需要十个人操作的事现在变成五个人操作就行了。

人数减少之后，多出的人力就要投入创造性更高的部分。提供这种机制就是我们的职责，而将深度学习这座小山变得更大是我们的使命。

随着消费者购买行为改变，创新的机会也确实增加了。我们没有店铺或大数据，所以，今后会和更多合作伙伴一起推广开放式创新。（图 39）

第四章 工业革命 4.0 的关键技术

图 39

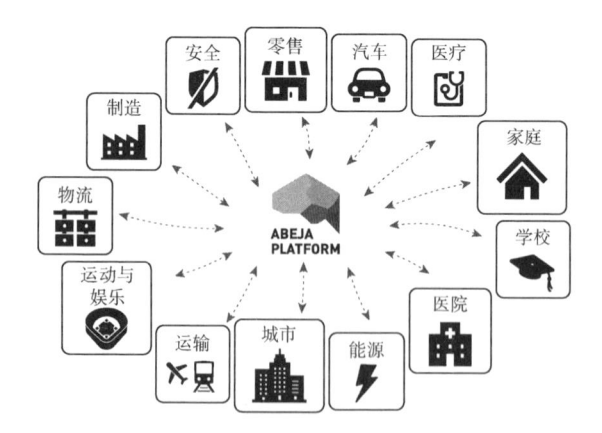

© ABEJA

【与巨人同行　冈田阳介问答录】

Q1　贵公司直接将 ABEJA Insight for Retail 贩卖给零售业,是否也想过与收款机厂商合作呢?

冈田　合作对象除了零售业之外,收款机厂商也在我们的考虑中,并有几项案子正在进行。但对何种产业都不能局限于系统的提供,还要跟零售业第一线一起学习才行。

Q2　当初将目标锁定在零售业的理由是什么?

冈田　深度学习是信息战,拥有越大量的数据就越占优势。我在硅谷与深度学习相遇时,谷歌和脸书遥遥领先,所以,我明白就算处于同一个战场,在信息量上也赢不过他们。我想在他们绝对碰不到的领域胜出,因此选择了零售业。当然也含有想利用自己身为日本人的想法在内,具体地说,就是被称为日本卓越经营的零售业诀窍,以及占有率世界第一的中小制造业,我在思考将这部分组合起来,再从日本输出到海外。

Q3　零售业分成实体店面和网络电商,支持的方式一样吗?

冈田　我认为电商在今后会更加自动化,但电商这块有亚马逊,想打倒他们非常困难。因此,我们的战略是先跟实体店面合作,收集实际来店的客人动向并加以统整之后,再于电商市场跟亚马逊一决胜负。

Q4 在考虑深度学习的特性之后,感觉很适合投资。今后您考虑往投资领域拓展吗?

冈田 在投资领域,有很多公司因采用深度学习而提升了绩效。而在金融界,只要有信贷管理就很适用,所以这方面的商业模式已有些进展了。

Q5 AI 进化之后,最终应该会形成一台终极的机器。若真的实现了,有没有永远维持优化的方法呢?

冈田 在深度学习的世界有个常被讨论的议题,那就是若将所有投资运用领域的系统转成深度学习的数据库,哪一种优化才是最好的。目前的结论是力求时间轴上的优化,也就是先拿到数据的人就赢、晚一步的人就输了这种回归到速度的问题。

要组成一台终极机器,准备足够的 CPU 或 GPU 是很难的,加上可运用 AI 的领域有限,基于这些理由,分散化或多样化是更好的。

例如,很多人会认为 AI 研究之后的发展会是 AGI(Artificial General Intelligence,通用人工智能),但这是两种完全不同的研究。AI 要研究的课题是,人类如何凭感觉来解答 AI 运算得出的最佳答案;相对地,AGI 研究的问题在于如何表现出人类感情。

我们认为并非要用一台超级计算机去支配,而是在各种地方互相刺激以使其优化、分散化,让全体朝着优化的方向前进。

Q6　随着脸部认证技术越来越发达,会不会对隐私造成威胁?

冈田　您提出的问题在两本手册中可找到答案,一是于二〇一七年一月三十一日发表的《摄像机图像利用活用指导手册1.0》,由IoT促进联盟数据流通推广工作集团底下的"摄像机图像利用活用工作小组"(组长:菊池浩明,明治大学综合数理学部先端媒体科学系教授;事务局:JIPDEC)统整成员的意见及论点而成,另一本是二〇一八年三月三十一日发表的《摄像机图像利用活用指导手册2.0》。

此外,在我们的系统中,影像数据会立刻销毁,不会留存,留下来的只会有"二十五岁男性几点几分来到店内做出这样的动向",而能做成索引的数据全都会删除。然而,脸部图像转换成向量数据后,因为仍属于个人识别符号,所以ABEJA会向适用于个人资料保管的顾客说明准则中的对应方法。

此外,今后我们会持续地提醒顾客,使用我们家系统的店铺要在明显之处贴上"本店为了营销目的,会以摄像机获取脸部图像"的贴纸来说明或公告。

Q7　我们公司提供借款的免费评估服务。现在一年约有二十万至三十万名客户打电话来,并由约一百位客服人员回应。若要将这些客服人员完全换成AI的话,大概需要几年呢?

冈田　首先,为了确保准确度,AI要学习客服人员全部的对话内容,这就要花上许多年。其次,在AI无法判断的地方还得由人指导。在这之后的数年,我想可能只需两三个人,其他都由AI响应就可以了。

Q8　虽说是先行者占优势，但另一方面，在经过一段时间之后，随着技术进步，导入费用应该也会变便宜才是。在性价比和导入时机上要怎么判断比较好呢？

冈田　对此，我们衷心希望客人能尽早使用。目前，日本实际导入执行的公司还很少，所以现在开始进行的话，不管是哪一种产业，都可成为业界龙头。特别是自动驾驶或故障预测等领域，最早实施的公司可独占利益，就算不在意成本先行投资，也一定能收获丰厚的回报。

在美国，深度学习已是寻常的技术，但日本才正要开始，从这点来看，越早开始的企业能得到的利益越大。

收录于二〇一七年二月二十六日　热海 *SEKAIE* 杂志

第五章

◎须田健太郎
以多角化经营抢夺观光业
的上兆大饼
FREEPLUS 成为观光业龙头是因打破
业界惯例吗

须田健太郎
Kentaro Suda

FREEPLUS 株式会社　社长

一九八五年出生于马来西亚吉隆坡。父亲为日本人,母亲为马来西亚华侨。少年时期在马来西亚及印度尼西亚雅加达度过。二〇〇五年进入大学,在成人式那天因想"成为世界级人物"而决定退学。于二〇〇七年二十二岁时成立FREEPLUS 株式会社,担任社长至今。

新兴国家出国旅行的人数日渐增多

本公司以招揽外国观光客访日的旅行业为重心，现在对全球二十六个国家及地区、超过五百家旅行社提供日本旅游行程。为了让大家理解海外观光客市场，我准备了世界观光客人数变迁的图表。（图1）

A 线是全球出国观光人数，B 线是世界各国 GDP 的合计金额。A 和 B 呈显著正相关，也就是说 GDP 越多，出国旅行的

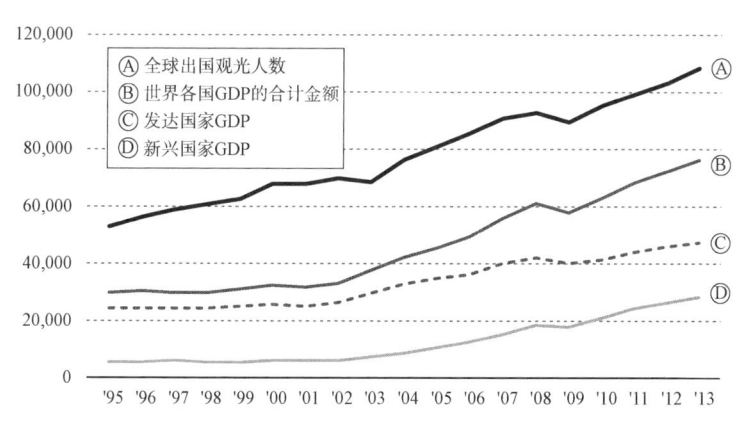

图1　全球观光客人数变迁

Ⓐ 全球出国观光人数
Ⓑ 世界各国GDP的合计金额
Ⓒ 发达国家GDP
Ⓓ 新兴国家GDP

资料：UNWTO（联合国世界旅游组织）、IMF（国际货币基金组织）　© FREEPLUS

人数就越多。

C线和D线分别是发达国家和新兴国家的GDP,由此可看出今后新兴国家的人们也会开始不断赴海外旅行。从世界旅游动态可明确得知,从发达国家到新兴国家,全球各地的人们都开始到海外观光。

那么,全球的人都到哪些地区旅游呢? 从国际观光客造访人数的不同区域比率(图2)可找到答案。比较二〇〇四年、二〇〇九年、二〇一四年的情况,可发现欧洲减少而亚洲增加,我认为这是亚洲新兴国家国民到其他亚洲国家旅行的缘故。至于国际观光客的平均增长率,也是亚洲拿下冠军。(图3左)

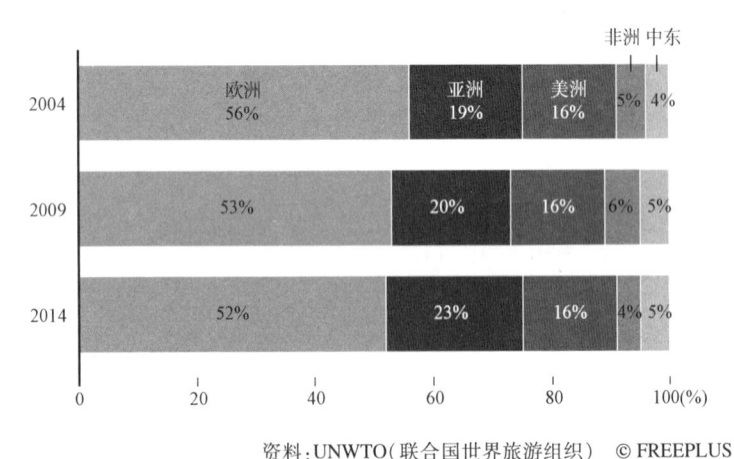

图2 国际观光客造访人数的不同区域比率

年份	欧洲	亚洲	美洲	非洲	中东
2004	56%	19%	16%	5%	4%
2009	53%	20%	16%	6%	5%
2014	52%	23%	16%	4%	5%

资料:UNWTO(联合国世界旅游组织) © FREEPLUS

访日观光客也增加了(图3右)。尤其在二〇〇三年的Visit Japan 计划实施之后开始急速上升,二〇一六年约有两千

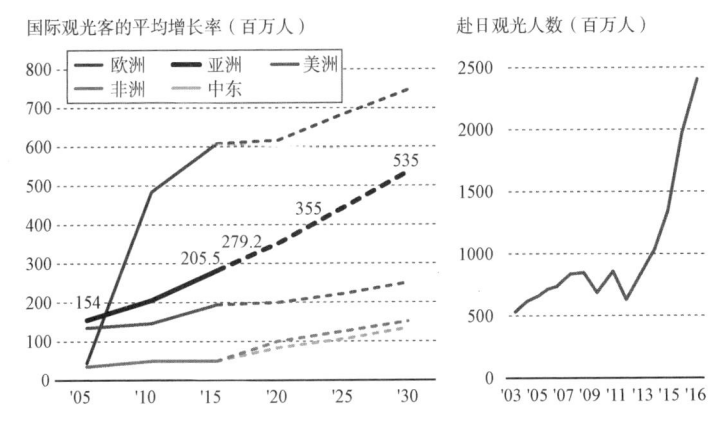

图3

国际观光客的平均增长率（百万人）　　赴日观光人数（百万人）

欧洲　亚洲　美洲
非洲　中东

154　205.5　279.2　355　535

资料：JNTO（日本政府观光局）　　© FREEPLUS

四百零四万名外国人访日。

然而，若跟世界上主要国家及地区相比，二〇一五年日本观光客有一千九百七十四万人次，在全球排名第十六名，在亚洲则落于中国、泰国、中国香港及马来西亚之后，位居第五（图4），换句话说，日本还有很大的进步空间。

可能带来上兆收入的海外观光客

接下来要看的图表是观光消费额，也就是外国观光客花费的总金额。第一名是美国的二十兆日元以上。光是外国观光客就可带来这么庞大的金额；而每年有超过八千万人造访的观光大国法国，观光收入则意外地少，只有六七兆日元，位居第四名；日本约为三点四兆日元，排名第十一。日本整体观光市场约为

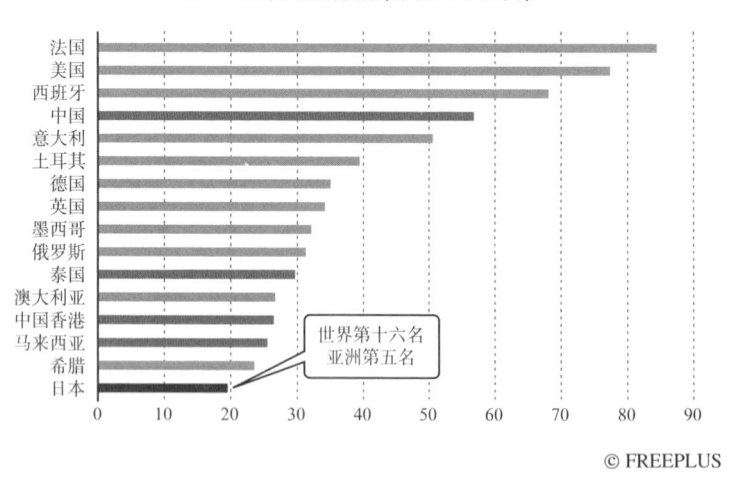

图4 全球观光客人数(单位:100万人)

法国	~85
美国	~78
西班牙	~68
中国	~57
意大利	~50
土耳其	~40
德国	~35
英国	~34
墨西哥	~30
俄罗斯	~30
泰国	~30
澳大利亚	~27
中国香港	~26
马来西亚	~25
希腊	~23
日本	~20（世界第十六名 亚洲第五名）

© FREEPLUS

二十三兆至二十四兆日元,所以从观光消费来看,日本也依然有很大的成长空间。

赴美的七千五百万名观光客创造了二十兆日元(图5)的商机,相对于此,日本为二千万人,有三点四兆日元,等于每位观光客花费十七万日元,以机械方式计算的话,如果日本想要跟美国一样有二十兆日元的进账,一年内需要有一亿一千七百万名外国观光客来访才行。

新经济联盟代表理事三木谷浩史先生表示,到日本的外国观光客能达到一亿人次,但我认为要突然达到一亿人,难度非常高。

再回到图5,前十名的平均金额约七兆日元。日本要达到七兆日元得有四千一百万人次来访,这个目标倒是有可能实现。

图5 外国观光客消费金额(2016年)

（现状）	美国	20兆日元	7,500万人
	日本	3.4兆日元	2,000万人

⬇

（假设）	日本 （美国比例）	20兆日元 （每人170,000日元）	1亿1,700万人
	日本 （TOP 10平均）	7兆日元	4,100万人

© FREEPLUS

观光厅针对访日外国人数的目标原本设定为二〇二〇年达二千万人，但现在倍增到二〇一五年达到四千万人，看来日本政府也认为这样的数字是可能达成的。

中国每年有一亿两千万人出国旅行

日本政府将外国观光客人数目标设定为二〇二〇年达四千万人、二〇三〇年达六千万人（图6），实际上又是如何呢？二〇二〇年，本公司的试算结果是大约三千五百万人，矢野经济研究所的预测则再多一点，大概是三千六百至三千七百万人。

其中掌握关键之钥的是中国人。现在访日外国人中最多的来自韩国、中国台湾和中国大陆，尤以韩国和中国台湾最多。然而，考虑到这两个地方人口并不多，想让数字增加两倍或三倍是非常困难的。

图 6

(万人)
—— FREEPLUS预测　—— 矢野经济研究所预测　---- 政府目标

业绩值

836, 1,036, 1,341, 1,974, 2,404, 2,779, 3,000, 3,243, 3,500, 3,655, 3,776, 3,880, 3,972, 4,055, 4,130, 4,199, 4,263, 4,323, 4,379

'12 '13 '14 '15 '16 '17 '18 '19 '20 '21 '22 '23 '24 '25 '26 '27 '28 '29 '30

© FREEPLUS

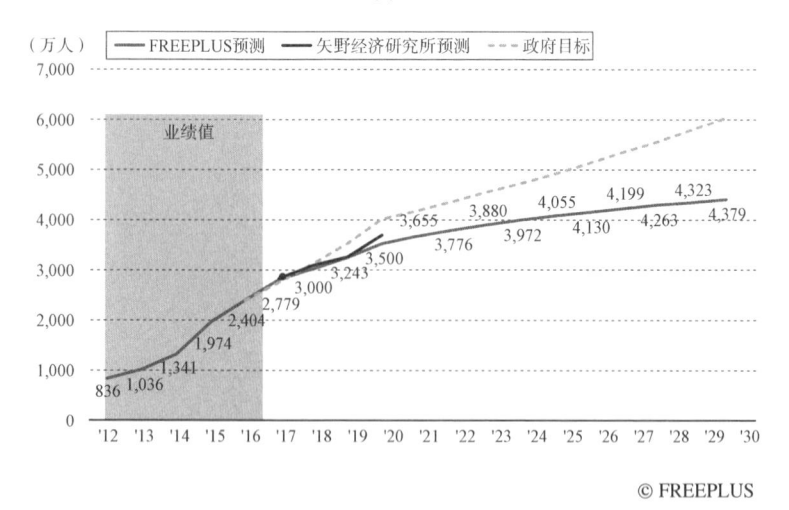

相对于此，中国有十三亿的庞大人口，而且一年有一亿两千万人出国旅行，这个数字非常可观，而其中到日本的人数还占不到百分之十。也就是说，日本能不能成功达成海外观光客的目标值，就要看如何吸引中国人赴日旅行了。

就算达成目标，若无法维持也没有意义，本公司对这部分也是存疑的。

想在地球上留下痕迹，决定为人类做贡献

很多人觉得年轻时就创立公司的人，是因为父母也是白手起家的关系。但我却不是，我父亲只是个很普通的上班族，因此，我十几岁时从未想过要自行创业。

回想大学时代,我也不怎么认真念书,都在练田径或打工,梦想也是每天这样悠哉过一生。

让我这样平凡的学生改变的转折点是成人式当天第一次参加的同学会。

比起社交,我原本就比较喜欢一个人在操场上跑步或在家弹钢琴,因此之前都尽量不参加同学会之类的聚会,但因为那天是成人式,就觉得露个脸也好。

结果,原本对同学会并不太期待的我,跟同学相见之后却非常开心。那天夜里,我兴奋到睡不着,在床上一心想着何时能再有这样充实的时光,却因突然注意到一件事而十分错愕。

"等等!成人式一生就只有这一次啊!"

生日、圣诞节或暑假结束之后,我也会有这种惆怅的情绪,但一年之后还是会有一样的节日,然而,成人式永远不会有第二次了。

成人式一生只有一次,也就是说,我的二十岁一生只有一次,二十一岁、二十二岁……这样一年年过去,六十年之后便迎来寿命完结的那天,我惊觉到此事。

往生之后,今日的愉快记忆也会跟着消失。如果是计算机的话,还可将数据保存在云端,毁损了,也可用新设备复原,人类却无法这样。

与家人或情人共度的时光都是无可取代的记忆,但终究也有一天会消失,为什么人类还要不断努力地收集这些回忆呢?一想到这点,我便渐渐不知活着的意义为何了。

更进一步说,数十亿年之后,地球跟太阳也毁灭了,这样人类的价值更是一文不值了。即使如此,你问我是不是明天就能死去,我还是不愿意。

虽然我不知道自己的生存价值为何,但我不想死,因此,至少在还活着的时候,我想在这个地球上留下一些痕迹。我最后只想出这种算不上结论的结论。

如此一来,最重要的就是如何才能留下痕迹。我一开始想到的是田径,但我再怎么努力,也无法跟世上最快的短跑选手博尔特一样,因此马上放弃了。

如果是音乐呢?我三岁开始学钢琴,十四岁会弹木吉他,十六岁开始尝试作词作曲,十七岁时获音乐杂志奖,也曾被广播节目采访。要是认真钻研的话,我应该至少在家乡大阪会是个小有名气的音乐家,但能否影响世界,我却没有自信。仅限于大阪的痕迹,这在人生意义上仍是不够的。

就这样,我继续郁闷,直到有一天突然产生了"创业"的想法。如果我成立的公司的产品或服务可给世界带来影响,就算我哪天走了,仍能持续为人类做贡献。

因此,在二十岁的时候,我定下了"创立跨国企业后再死"的具体的人生目标。

想成为跨国企业,就要先以海外客户为目标

我下定决心在二十六岁成立公司,之后自己作的各种判断都以能否达成这个目标为准则,来年不再念大学而直接就业也是为了这个。

上班之后,我在一年内就存了三百万日元,便成立了FREEPLUS 株式会社,当时我二十二岁,比预定的目标早了四年。

FREEPLUS 做的是跟我前一份工作相关的科技工程师派遣服务。当时,我还不清楚什么样的事业能影响世界,但如果在公司待太久也许就会随波逐流,基于这份危机感,我决定先创业再去想要做什么。

第一年十分顺利,但第二年开始,景气因金融风暴而变差,人力派遣公司生意很难做,我们的经营状态也恶化了。为了撑下去,我不得不改变事业内容。

接下来,我选择的是 SEO(Search Engine Optimization,搜索引擎优化)这个服务,业绩竟然在三年内回到黑字,第四年也依旧一帆风顺。在我确定能够达成足够的利润之后,便将这个事业委托给其他经营者,自己则重新寻找能倾注一生的事业。

在选择事业时,我定下三个绝对不能让步的重点。

第一点是 B to C 事业。跟某人相遇并能让对方幸福,对我是最大的喜悦,因而想从事这样的事业。能对世界上每一个人都做到这样当然最理想,但这是不可能的,因此,若能让客人在与本公司员工接触后产生"真开心""现在觉得很幸福"的感觉,那这样的事业就是最棒的。我想到的是星巴克和迪士尼的员工创造出来的那种气氛。

第二点是可以马上全球化的事业。我们的总公司在大阪,一般会先以东京为据点,顺利的话,再依序往名古屋、福冈、北海道发展,通常这是大阪新创公司的黄金路线,但我并没有沿袭这种做法的意愿。因为我想到要在短暂人生留下痕迹的话,就不能绕远路,如果一开始就是跨国企业,就没必要再往东京或名古屋去了,而客户我也觉得以海外客户为佳。

第三点是让日本有元气。我在思考要投入什么事业时,看到日本的GDP快被中国追过去的新闻。由于孩童时代所受的教育是日本为世界第二经济大国,我也十分引以为傲,因此受到很大的刺激。

看到全球液晶显示器占有率图表时也一样。韩国的LG跟三星占了百分之五十,中国台湾则占百分之三十五,而日本的夏普仅占百分之九,明明以世界的龟山工厂为傲,却完全打不过其他国家。

其他家电制品的指标也一样,前面几名分别是中国、韩国等,制造大国日本明显凋零了。前人在战后焦土上辛勤建立的美丽国家,回过神来已风光不再。

当时公司员工大概只有六人,即使如此,身为创业家的我仍想从事让日本更有元气的生意。第一点和第二点是自己想做的事,但第三点让日本有元气,对我而言则是一种使命。

基于以上三点考虑了各种可能性之后,我最后选择了访日观光业。

创立六年,接待了二十四万个晚上的客宿

二〇〇三年,日本政府提出了"VISIT JAPAN"的构想,今后日本要像过去一样通过贸易赚外币会十分困难,因此要吸引外国观光客,让他们花钱来活化日本经济。听到这个构想时,我马

上有这样的预感:让外国观光客满意,同时让他们成为日本的粉丝,这种访日观光产业正是我要投注人生的事业。

因此,我决定先从旅行业开始。所谓的旅行业是"缝隙产业",虽然利润很低,但就算没有资产也能马上开始,是很容易有规模效益的商业模式。

起点在二〇一〇年十月。我独自到上海租了一间三个榻榻米大、没有窗子的公寓,打电话给当地旅行社开始做起生意。但是,在没经验没钱没信息的状况下启航,并未获得什么成果。经过半年的努力,我只带了两个中国观光客到日本旅行。有些员工见状,认为我这个社长可能只是做着玩的,但我不以为意,继续努力。

然而,来年二〇一一年三月,日本发生了"三一一"大地震,海外游客的生意再也做不下去了。但是,重建之后,外国观光客一定会回来。因此,我认为在地震时仍坚定目标才会有机会,于是不只着眼中国,也积极开拓马来西亚、越南、泰国、菲律宾、印度尼西亚及东南亚其他国家的市场。

最初半年只有两名客人,到第二年就有五百人,年底则一口气增加到五千人。接着,第三年两万五千人、第四年六万人、第五年十二万人,呈突破式增长,到了第六年二〇一六年时,竟然增长到共有二十四万个晚上的客宿,业绩当然也成比例急速增加。比较业界在这期间的增长率,我认为本公司是第一名。此外,就算是在东南亚的旅游承包商之中(接受旅行社的委托,专门负责安排及预订旅游当地的旅馆、餐厅、导游或巴士的公司),现在本公司也堪称规模最大。

"将人生残留的回忆当成礼物"是我们的理念。

打个比方,假设有一位通过我们的安排到日本旅游的越南人,现在将要结束他八十年的人生了,在面临死亡的时候,一生中印象最深刻的场面会像走马灯一样浮现于脑海。这时,我很希望他过去在日本体验到的经验能苏醒,想起"十五年前在日本热海看到的樱花好美啊!"而觉得自己去过日本真好。

这个理念是我们的希望,但还有其他我们一定要执行的使命,那就是"让日本以观光立国,增加喜爱日本的人,以此作为日本元气的动力来源"。

FREEPLUS基于理念和使命来执行所有事务,今后就算商业模式改变,我们的理念和使命也不会变。

提供一条龙服务,创造最大收益

访日旅游、外国观光客市场、地方创生这三项是我们公司目前的主要事业,而访日旅游业的代表业务则是日本行程的企划和经营(图7)。

举例来说,我们企划一个关东四天三夜(东京两晚、箱根一晚)的行程,费用包含住宿费、餐厅及交通费用在内是一个人八万日元,并将此行程提交给国外的旅行社。如果对方觉得"感觉好像很有趣,来卖卖看",就会在自家的宣传文案或网页上刊登我们所企划的行程。

看到行程之后报名参加的人若达到一定人数,这个行程就确定出团了。我们会马上预订住宿和餐厅,确保有交通工具可

图 7

![图7:海外的旅行社 业务/介绍客人 FREEPLUS 观光地 零售店 住宿 巴士 餐饮店 导游]

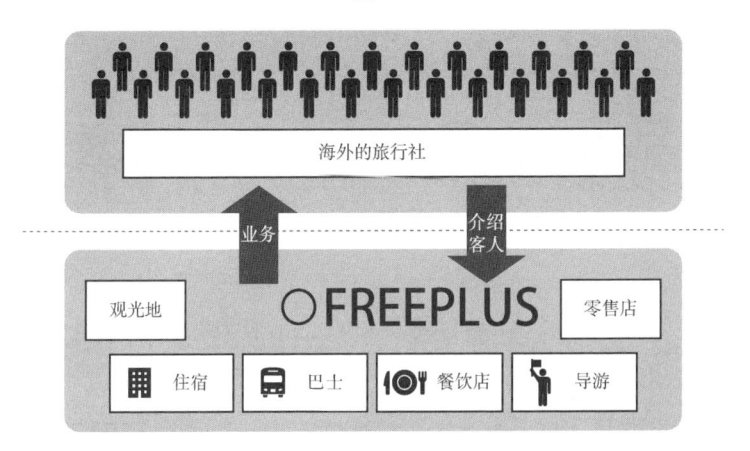

© FREEPLUS

搭乘，在旅行团来到日本的当天，本公司的导游会到机场迎接，回国时也会一路送到机场。顺带一提，专门负责预约或安排的旅行公司，一般称为旅游承包商，而我们就是专门接待海外旅客的旅游承包商。现在以亚洲为中心，共有二十六个国家及地区、约三百家海外旅行社跟我们构成合作网络。

在海外观光客营销事业方面，我们经营着"INBOUND RESEARCH.jp"这一新闻媒体。我们不会只报道美好的一面，对于黑心免税店员工的采访、海外观光客实态等都很积极地报道（图8）。

此事业也进行各种调查。我们的第一个客户是 Jalan 调查中心，工作内容是海外旅行社的游客对于日本住宿设施有什么样的期望。当时，我们尚未跨足海外观光客营销这一块，所以很不解为什么会找我们进行调查。对方表示其实已接触过许多公

图 8

	旅行前	移动中	旅行中=日本	
自由行客人		飞机 • 问卷 • 样本	路上 • 探访 • 问卷	
	• 旅行前折价券		活动摊位	
团体旅行客户		游轮 BAM (Bay Area Marketing)	移动中的巴士内 • 问卷 • 样本	免税店 TAX FREE	旅馆 • 问卷 • 样本

© FREEPLUS

司,但每一家都说帮不上忙而拒绝了。

这听起来确实是工程浩大,但当时我们在亚洲各地已拥有超过八百家旅行社的合作网,感觉不是做不到的事,于是,我当下就回答"我们可以接下这个调查"。只不过,那时还没有所谓调查的指南,因此只是不停打电话询问各地旅行社负责人,再整理出结果。

最后我们交出的调查结果被 Jalan 刊登出来,而《日本经济新闻》及一些大企业看到之后,便纷纷跟我们联络,希望我们帮忙作调查。

能跟海外观光客接触的企业意外地少,因此,FREEPLUS 决定攻下这一块,因而成立了海外观光客营销事业部。

我们能接触到旅行前的自由行客人及团客,在旅程中搭的飞机或下游轮后搭的巴士等场合,也能进行调查或营销宣传。

这个海外观光客营销事业部正是活用访日旅行这个资产的生意。

至于另一块创生事业，则是协助地方政府机构吸引海外观光客访日。虽然二〇一六年七月才成立，[1]但半年多来已经有十个地方政府机构委托我们支持海外观光客生意了。(图9)

不只企划各地行程来贩卖、吸引海外观光客来日本，在预约安排或调查旅行后的意见感想上，我们的一条龙服务也是强项。

此外，我们还经营"JAPAN TIMELINE"媒体，以日本地方政府机构的身份向六个国家进行宣传，也代为邀请视频博主之类的网红帮忙宣传。

图9

- 滋贺县(大津市)
- 富山县(立山町)
- 熊本县(阿苏市)
- 兵库县(养父市)
- 三重县
- 长野县(驹根市)
- 高知县(宿毛市)
- 静冈县(三岛市)
- 三重县(伊势市及志摩市)
- 栃木县(那须盐原市)

© FREEPLUS

改善作业效率的实时预约系统

除了主要的三项事业以外，我们的新事业还有JAPARES这个以外国观光客为主力的餐厅实时预约系统。

---

1. 文章刊出时为二〇一七年二月。——原编注

第五章　以多角化经营抢夺观光业的上兆大饼　153

二〇一六年时,我们已帮忙处理了二十四万个晚上的外国观光客住宿,预订餐厅也包含在内。以六天七夜的行程为例,我们一定要先订好十至十二次的用餐场所。通常我们是以电话预订,但这项作业并非打一次电话就可完成。

"我想预约四月二十日、四十位越南客人的位置。"

"太多外国观光客来的话,会造成我们的困扰。"

在订到餐厅之前,像这样的交涉要重复好几次,而且一团需要订十至十二家餐厅。此外,好不容易以电话订到位之后,还要等餐厅用传真将预约确认单传过来。不只我们这样做,每家大型旅行社都执行着同样的作业流程。

我不想将劳力花费在这种作业上,因此费尽心力开发了 JAPARES 系统。如今,该系统已有大约四百五十家欢迎外国观光客光临的餐厅登录,可节省掉确认能否接待外国客人的时间。另外,也可在线确认四十人或五十人团体的空位状况,确认后再预约就不需发传真了。

我们也为登录店家提供菜单建议。泰国观光客无法接受行程不含"螃蟹畅吃",此外,他们很喜欢寿司 DIY 的活动。如果是印度客人,就一定要提供素食,否则对方会很困扰。如果没考虑到这些事,光用"饮料无限畅饮三千五百日元"来吸引人,是无法满足外国观光客的。

除了菜单之外,从巴士走到店里的距离超过一百米就会有人抱怨、店内一定要有 Wi-Fi 等讯息,我们都会尽量公开。

JAPARES 原本是为了提升我们公司的作业效率而开发的,但如果竞争对手想使用,我们也很乐意提供。因为除了自己好之外,能促进业界整体的发展同样重要。

外国观光客对住宿条件的期待

二〇一七年四月一日,FREEPLUS 成立了专门服务外国观光客的旅馆。资产仍属屋主所有,我们只是租借一整栋来经营。

当我决定要经营访日观光产业之后,旅馆也进入了我的视线。因为适合外国观光客的旅馆在日本少之又少。

过去提到亚洲观光客,都会认为目标市场在有钱人这一块,而这些人大部分会选择投宿五星级酒店。然而,近年来外国观光客的所得减少,五星酒店已不符合他们的预算了,因此,商务酒店便一跃成为新的住宿选择。

原本商务酒店是日本人出差时利用的旅馆,房间大小为十一至十三平方米,单人床或半双人床(Semi-Double)的单人房占所有房型的八成,早餐场地也非常简单。

另一方面,外国观光客有九成希望住在双人房,且房间至少要有十八平方米,若小于十六平方米,就要有被客人抱怨的心理准备;而早餐也至少得是有三十至四十种菜色可选择的自助式早餐。

当然也有着重住宿的观光型旅馆,但因为日本的旅馆主要是提供给日本客人,几乎没有提供给观光客的,所以我才考虑要自己经营。

我有信心能成功。过去,我们是把观光客送到其他旅馆,如果让他们住到我们自己的旅馆,在住房率上就有一定程度的保障。跟利润低的商务旅馆不同的是,一般饭店超过收支平衡点后就全是利润了,也就是说,进军旅馆业,公司的利润就会增加。

更重要的是,如果我们自己经营旅馆业,就可大幅提升外国观光客的满意度,例如团客常常诟病商务旅馆的大厅太狭窄,因此我们的旅馆大厅会很宽敞,让客人在入住和退房时能感到舒适。此外,早餐场所到了晚上就成为休息室,让客人可以看着大银幕预习景点信息,还可体验日式折纸等活动。房间大小都在十八平方米以上,百分之八十是双人房,比商务酒店住起来更舒服。

今后,我们的旅馆还将导入自动入住系统,预计未来要完全无人化。因为住宿型饭店预算较少,有太多员工就失去了意义。话虽如此,完全机械化也太冷冰冰了,因此,我们在出入口到电梯之间规划了如同日本庭园般的空间,在这方面下工夫,就算没有员工,也能让客人有温暖的感觉。

包机更有效率,今后计划进军航空业

二〇一七年我三十二岁,考虑在四十岁时进军航空业。具体来说,就是以包机,而非定期直航方式,将外国观光客送到日本的地方城市。首先,我想以每年都有稳定的人次访日观光的中国台湾为基地。虽然还不知能有多少利润,但为达成我们的理念和使命,飞机绝对是最有效率的,所以在商业模式上计划也会加入这一块。

我们的最终目标是访日观光产业的垂直整合(图 10),事业项目包括了海外旅行社、航空事业、规划与安排行程的访日观光

图 10 　海外观光市场

旅行社
航空事业
赴日观光事业

专门服务海外观光客的饭店	移动交通工具	观光设施

© FREEPLUS

事业、专门服务海外观光客的酒店、移动交通工具（我们拥有五部大型巴士）及观光设施。

这些事业过去都是单一的商业模式，而借由垂直整合，就可成为只有 FREEPLUS 能提供的服务，也就是说，这是创新性事业。我更想要为客人提供能在人生中留下的旅行，当成礼物。换句话说，为了达成我们的理念和使命，垂直整合是绝对必要的。

最后会再加上观光设施，原因是要让外国观光客日后还能再度来访，有魅力的观光设施是不可或缺的。

现在有这么多观光客访日，是因为日本这个国家很有魅力，然而，对于因为签证限制放宽而来的人，不能保证他们来过之后还会觉得日本有魅力。想让他们持续对日本有憧憬，绝对要有吸引他们的观光设施和观光资源才行。因此我相信，建设出色的观光设施并负责经营、宣传和建立品牌，是我们非做不可的志业。

体验型消费虽大受欢迎,但利润不高

二〇一七年的旅游承包商事业市场规模为六千三百七十七亿日元,其中团客为四千零八十三亿日元,自由行旅客行程为二千二百九十四亿日元,而今后团客的比率一定会变小。(图11)

那为什么我们仍要经营团客这一块呢?这是因为以自由行海外观光客为主的商业模式并不容易,而就算团客比率降低,也绝不可能变成零,因此,我们为了在团客市场执牛耳,实行了相应的对策。

图 11 海外观光市场

类别	市场规模 (2016年)	平均增长率 (3年份)	单年增长率 (2016年)
旅游承包商	6,377亿日元	34%	0%
团体旅行	**4,083亿日元**	**26%**	**-9%**
自由行行程	2,294亿日元	52%	21%

© FREEPLUS

虽然大家都说今后"体验型消费"会增加,但从图12可以发现并不是这么一回事。老实说,虽然着重在体验消费,利润却没有增长。

现在中国台湾观光客在日本消费的金额中,体验型消费大约为五千日元,而中国大陆观光客则是六千日元,可以说比新闻

图 12

（亿日元）　■ 旅游承包商（团体旅行）　■ 旅游承包商（自由行行程）

© FREEPLUS

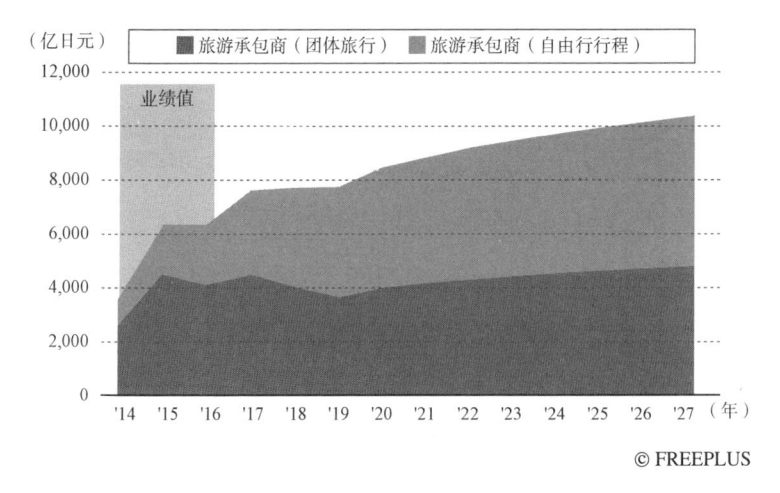

报道少了许多。当然，富裕阶层在体验型消费方面会花大钱，但一般的亚洲人大约只会花五六千日元，我认为今后也不会增加太多。就算商机多少会拓展一些，但我不认为这能成为主要的事业。

海外观光的创新性事业总有一天会被并购，主要经营海外观光的事业是很困难的。尤其是以网络为重心的自由行客人，可以说都被美国的 Booking.com 和 Agoda 吃下了，几乎没有剩下的客人，难度简直就跟用枪击落在天空飞翔的麻雀一样高。

另一方面，我们的商业模式是只要这片海域有秋刀鱼群，就用网去捕捞。虽然很不起眼，但在扩大事业的阶段，脚踏实地执行这种不起眼的事以增加利润才是最重要的。

在蓄积了充足的体力之后，我们才会再考虑加入以自由行客人为主的服务。

第五章　以多角化经营抢夺观光业的上兆大饼　159

【与巨人同行　须田健太郎问答录】

Q1　从数据看来，从二〇一一年开始，访日观光客人数暴增，这是为什么呢？

须田　主要原因是日本对马来西亚和泰国开放免签等，签证制度放宽，加上亚洲的航班和游轮增加，以及积极进行营销宣传等。

Q2　目前是由海外旅行社负责招揽客人，但今后垂直整合会更成熟，您想过连这一块也自己做吗？

须田　我们的起点原本就是想直接向海外客人提案日本行程，只是不仅要在网站上做得到，在实体店面也要做到才行。

但是，地区不同，情况也不同。中国台湾的旅行社不会利用像我们这样的公司，而是直接跟日本的旅馆订房。因为中国台湾会讲日语的人很多，对于本地的旅客也长期经营有成，所以，日本的旅馆或餐厅会接受中国台湾的订单。

另一方面，越南跟印度尼西亚如果没有日本的公司介入，就无法执行行程的运作。因为这一类的操作十分复杂，所以，我认为今后全都直接预订是不可能的。

目前我们在海外的做法分成两种，一种是不以 FREEPLUS 的名义出资来推动日本旅行，另一种是以 FREEPLUS 的名义在当地成立旅行代理商。

Q3　我对 FP 旅馆无人接待的入住及退房机制十分感兴趣。根据现行的旅馆法，入住时若无员工接待是无法拿到执照的，贵公司这部分是如何解决的？

须田　的确，依据现今的法律，无人接待的入住及退房机制是不符合规定的，但我认为只要国会审议时注意到这一块，总有一天会承认这种方式的。我预测这会是今后的潮流，所以现在已开始着手相关事宜。

以后会需要让员工跟旅客确认的，就是住宿旅客是否带有传染性疾病或可能造成恐怖袭击等，只要委派一名员工来安置能确认这类问题的系统，就可解决了，而针对此议题，我们正与大阪市协商。

Q4　长崎县的"Henn na Hotel"由机器人担任柜台人员，但在后台仍会有服务人员处理事情。贵公司的无人接待入住及退房机制也采取同样的方式吗？

须田　我们的员工实际到过长崎县佐世保市视察，想将同一套方法搬到大阪市，但官方的答复仍是"那是佐世保市的法律解释，大阪无法认可"，因此目前仍在协商。

然而，我相信法律一定会改变的，到时我不会像 Henn na Hotel 一样让恐龙机器人站在柜台后，但仍会让入住及退房本身也成为美好的使用体验。

Q5　新今宫的"FP HOTELS 难波南"规模有多大？今后预计在全国各地都设分店吗？

须田　一号店"FP HOTELS 难波南"有一百间十八平方米的客房。今后计划在外国观光客必去的东京、大阪、京都、福冈也成立分店。北海道虽然有很多外国观光客，但淡旺季的差异极大，所以还在考虑。

Q6　我想知道贵公司员工的人数、平均年龄和工作地点。

须田　我们的员工约有一百五十人，平均年龄二十七岁，其中有三分之一是外籍人士，共来自十个国家，而在海外工作的则有中国二十人、印度尼西亚十人、新加坡一人。

Q7　如果日本的零售业也希望招徕外国观光客，您会为他们提供什么样的企划呢？

须田　我会依据他们希望是哪一国人士光顾而调整企划内容。例如，如果希望印度尼西亚人上门的话，吸引自由行客人的难度极高，因此目标只能放在团客上。那么要怎么招揽团客呢？最有效的方法就是业者直接到海外旅行社进行促销，并参加当地的旅展。

从十年前开始，唐吉诃德连锁便利店便跑遍海外旅行社，并参加海外旅展建立品牌知名度。他们的战略是先吸引到团客，再利用网络分享来增加自由行客人，现在到日本的海外观光客中，每两人就有一个会去唐吉诃德。

Q8　亚洲国家的货币在日本换成日元的手续费很高,今后您计划从事让兑换外币变方便、手续费也便宜的生意吗?

须田　目前没这个打算。只是,我正在考虑将兑换外币的机器设置在"FP HOTELS 难波南"。新今宫每年有二十万名外国观光客来访,但连一台兑换外币的机器都没有,我的目标便是全都能在那里兑换。

Q9　您觉得俄罗斯的团体旅行如何呢? 尤其俄罗斯的签证办理也变简易了,这块市场的魅力是不是很大?

须田　确实目前俄罗斯客人还不太到日本旅行,增长率大有可为,今后这会是很值得研究的课题。

收录于二〇一七年二月二十六日　热海 SEKAIE 杂志